GUIARAMA **COMPACT**

AF277689

Lanzarote

por **Xavier Martínez i Edo**

ANAYA
TOURING

Autor: **Xavier Martínez i Edo.**
Responsable editorial: **Esther García González.** Edición y actualización: **Isabel Jiménez Barrera.** Cartografía: **ANAYA Touring.** Equipo técnico: **David Lozano** y **Susana Folgado.** Producción: **Juan José Rodríguez, Olga Hernando** y **Antonio Mellado.** Diseño de la colección: **marivies**

Fotografías: **Archivo Anaya:** Grupo Anaya: 34 a, b y c.
Dreamstime: Allard1: 85; Atgimages: 48 a; David Elliott: 79; Delstudio: 66-67; Eddygaleotti: 28-29; Elifranssens: 72; Feliks Khramykh: 61 b; Florian Palomar: 12; Freesurf69: 92-93, 94 b; Irabel8: 50; Jef Wodniack: 59; Justoperez: 107; Karol Kozlowski: 38, 67; Krajinar: 26 b, 49, 54-55; Lunamarina: 53 a; Marazem: 37, 61 a; Martin Hatch: 115; Meinzahn: 48 b, 58, 86 a; Nicola Messana: 75 a y b; Paop: 8-9, 68-69; Sergiomonti: 60; Sjanka_skas: 23 a, 26 a; Terrence Armstrong: 86 b; Tomasz Czajkowski: 53 b; Underworld: 80-81; Uta Scholl: 86 c, 103 b.
Istockphoto: ad_foto: 21; Flavio Vallenari: 30-31, 94 a; fotofritz16: 14; Freeartist: 96-97; JanMiko: 99; Javier Ruiz: 24; joe hidalgo photography: cabecera 10 Lugares indispensables; Juergen Sack: 40-41, 46; Meinzahn: 42; mf-guddyx: 33; Orbon Alija: 17; Orietta Gaspari: 71, 100-101; Tamina 8: 2; underworld111: 6-7; vasantytf: 103 a.
Shutterstock: alexilena: 63; chrisdorney: 48 c; Cristian M Balate: cabecera Visita, 62, 73; Delpixel: 95; Deudesprong: cabecera Historia; Gustavo Medina: 16; Jurek Adamski: 60-61; Kochneva Tetyana: 23 b; M. Vinuesa: 77; Mike Mareen: 18-19; mythja: cabecera Dónde; ODIN Daniel: 52; Pawel Kazmierczak: 91; Robert Harding Video: 10-11, 82-83; RossHelen: 87; thosgra: 88-89; Todamo: 13; Vunav: 65.

6ª edición: Abril 2025

© Grupo Anaya, S. A., 2025
   Valentín Beato, 21.
   28027 Madrid.

Depósito legal: M-25909-2024
ISBN: 978-84-9158-893-1
Impreso en España - Printed in Spain

PAPEL DE FIBRA CERTIFICADO

Contenido

Arrecife

Emplazada en la costa centro-oriental de la isla, la capital de Lanzarote es una ciudad pequeña, que no alcanza los 60.000 habitantes. Aquí de terminar a ser, Aun así, la ciudad comienza a concentrar en sus dependencias las mayorías de Lanzarote, eso es Arrecife. Curiosamente al ser menos extenso de la siete municipios lanzaroteños, y tampoco cuenta con ninguno de los principales focos turísticos de la isla, por lo que su relevancia demográfica se explica por la actividad administrativa, comercial y portuaria.

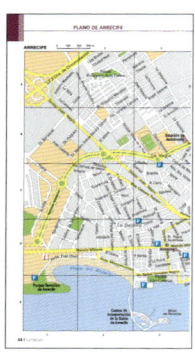

PLANO DE ARRECIFE

Cómo usar esta guía

Antes del viaje

Se sugiere la lectura de las secciones **Diez lugares indispensables** (de la página 7 a la 32) e **Historia de la isla** (de la página 33 a la 39), con artículos sobre la historia, la naturaleza, la artesanía y las gentes de Lanzarote escritos por el autor Xavier Martínez i Edo. Para quienes opinan que la **gastronomía** es uno de los atractivos del viaje, la sección del mismo nombre (de la página 102 a la 104) ofrece una visión bastante completa de aquellas especialidades lanzaroteñas que pueden despertar la curiosidad del viajero.

Durante el viaje

En la parte titulada **Visita a Arrecife** (de la página 41 a la 53) se describe la ciudad a través de cinco itinerarios. En ellos se da una información detallada de los lugares de mayor interés. El **plano** (pág. 44-45) puede ser de gran utilidad para realizar estos desplazamientos por la ciudad.
Bajo el epígrafe **Excursiones por Lanzarote** (de la página 55 a la 99) se ofrecen varias excursiones de un día, que son otras tantas alternativas para visitar aquellas zonas que tienen un singular valor histórico, paisajístico o monumental.

La hora de comer (y cenar)

Dentro del capítulo titulado **Dónde** se incluye una amplia selección de **restaurantes** por localidades, calidades y precios. En esta misma sección se facilita también información sobre un buen número de **actividades** con las que ocupar el tiempo libre que van desde las fiestas de las principales localidades, a otras como alojamientos, deportes, compras, transportes...

Use los índices

Finalmente se ha elaborado un índice de lugares de interés que permite localizar con facilidad las páginas en las que hay alguna información de utilidad.

Planificación del viaje

En función del tiempo del que se disponga puede conseguirse el máximo provecho a la estancia siguiendo las sugerencias siguientes:
Una semana. Son imprescindibles la visita a Timanfaya y al sector norte de la isla. Comience por aquí, aunque en una semana puede tener tiempo para visitar toda la isla. Para comer, siga los consejos de la sección **Gastronomía** y **Restaurantes.** Para cualquier otra actividad en la que ocupar sus momentos libres puede consultar el apartado **Dónde,** en el que se incluye información de carácter general sobre fiestas, deportes, compras, alojamientos, transportes...
Fin de semana. Visite el Parque Nacional de Timanfaya y realice la excursión por el norte de la isla, sin duda la más representativa del paisaje lanzaroteño. Para comer o cenar se recomienda consultar la lista de restaurantes seleccionados que aparece entre las páginas 105 y 108.

Clasificación por estrellas

La mayoría de los lugares descritos en el libro se han clasificado por su grado de interés como sigue:

✱✱ Visita obligada
✱ Interesante

SÍMBOLOS UTILIZADOS

A lo largo de la guía se han utilizado símbolos sencillos y claros para indicar las siguientes categorías:

- 🛈 información práctica
- Ⓒ referencia a los planos
- ✉ dirección o localización
- 📷 número de teléfono
- 🖱 página web
- 🕐 horario
- 💳 precio

SIGNOS CONVENCIONALES EN EL PLANO

▮ Edificios de interés turístico	▮ Vías rápidas
▮ Parques y jardines	▨ Calles peatonales
🛈 Información turística	🅿 Aparcamientos

Contenido

Naturaleza y paisaje

Bulgaria

Monasterio de Rila

Cómo usar esta guía

Esta **Guiarama** de **Bulgaria** se divide en varias secciones que abarcan los aspectos más importantes de su visita.

Una mirada a Bulgaria, páginas 6-21

Presentación
Bulgaria en cifras
No hay que perderse...
Un poco de historia
Naturaleza y paisaje
Personajes célebres

Diez lugares inolvidables, páginas 22-37

La elección del autor de los diez lugares más atractivos, todos con información práctica.

Visita, páginas 38-107

Sección dividida en seis partes, cada una con una introducción y listado de los lugares más interesantes.

Información práctica
Breves notas al margen
Paseos a pie
Gastronomía

Dónde ..., páginas 108-139

Información detallada sobre restaurantes, alojamiento, compras, ir con niños y fiestas.
Información práctica, con generalidades para viajar por el país.
Toda la información necesaria para el viajero, presentada de forma resumida.

Mapas y planos

Incluye planos de Sofía y de Plovdiv y mapa de Bulgaria. Las coordenadas que aparecen en los lugares de interés hacen referencia al plano de la ciudad de la página 42-43. Por ejemplo, **Fuentes termales** 🌊 A2, significa que dichas fuentes están en la cuadrícula A2.

Precios

El precio aproximado de los establecimientos se indicará mediante los signos:
C caro, **M** moderado y **E** económico.

Clasificación por estrellas

La mayoría de los lugares descritos en el libro se han clasificado por su grado de interés como sigue:

★★★ Visita obligada
★★ Muy interesante
★ Interesante

Símbolos utilizados

A lo largo de la guía se han utilizado símbolos sencillos y claros para indicar las siguientes categorías:

- referencia al plano de la ciudad
- dirección o localización
- número de teléfono
- horario
- restaurante o café
- rutas de autobús
- estación de tren más cercana
- estación de metro
- ferry más cercano
- aeropuerto
- información turística
- precio de la entrada
- otros lugares de interés cercanos
- referencia a la página web
- más información práctica adicional
- ► referencia a la página donde se halla información más detallada

Una **mirada** a **Bulgaria**

Presentación

▲ Monasterio Sokolski.

Bulgaria lo tiene todo para ser uno de los destinos más demandados de Europa: playa y montaña con sol y nieve, patrimonio milenario de culturas clásicas, una gastronomía sugerente con productos de primera, llanuras coloridas con frutales, viñedos y flores, y un clima por lo general bastante benévolo. Su gente, además, es cercana en el trato, de espíritu abierto y hospitalario, como corresponde a una tierra que ha sido hogar de convivencia de muchas culturas y credos. Y es que, aunque los búlgaros son eslavos "de pro", también muestran rasgos que tienen que ver con los griegos, turcos y quizá con aquellos misteriosos tracios que habitaron estas tierras. Tan solo hace falta algo de tiempo y que sigan llegando los fondos de la Unión Europea para que mejore la infraestructura y el país presente su patrimonio como merece.

Tradicionalmente ha sido un destino tanto de playa como de montañeros que vienen a escalar en hielo o a hacer travesías ayudados por una extensa red de refugios en los parques nacionales, pero ahora son también sus monasterios, pueblos y ciudades los que encandilan cada vez a más foráneos. En cualquier caso, con excepción de algunos pueblos de la costa, suele ser un destino muy tranquilo y barato, además de genuino, donde aún se pueden encontrar estampas bucólicas de lo más tradicional. Estampas que los búlgaros valoran, disfrutan y protegen; sirvan de ejemplo sus omnipresentes trajes regionales, los festivales folclóricos o las cadenas de televisión que emiten ininterrumpidamente bailes y cantos típicos de los Balcanes.

❚ Itinerarios

Las montañas son un orgullo nacional donde se encuentra fresco en verano, diversión en invierno e, históricamente, refugio físico y espiritual para los monasterios. Muchos afirman que un viaje al país queda cojo de esencias si no se visitan sus aldeas coloridas. Desgraciadamente son bastantes las ciudades que, tras el declive otomano, las guerras de principios del siglo XX y la posterior impronta soviética, ofrecen una experiencia insulsa y sin carácter. Aun así hay varios ejemplos de los que los búlgaros también pueden sentirse orgullosos.

La capital es una muestra de poco empaque y no acostumbra a ser el destino favorito de visitantes, aunque cada vez se deja querer más. Su aeropuerto, en cualquier caso, es lugar de paso casi obligado,

❚ Seguridad

Bulgaria es un país seguro en el sentido más amplio. Más allá de unas tasas de violencia y criminalidad similares a las de España, es revelador que la confianza aún sirve como base para muchas compraventas: no es raro que se reserven habitaciones de hotel o se alquilen coches sin que se pida como garantía una tarjeta de crédito.

así que conviene organizar el viaje en torno a ella. **Plovdiv,** la segunda ciudad, sí suele convertirse en sorpresa favorita mayoritaria, a solo 2,30 horas de la capital. Ambas se ubican muy próximas a las montañas y permiten hacer sendas excursiones de un día a los dos mejores **monasterios** del país: el de **Rila** y el de **Bachkovo.**

Pero las excursiones solo dejan asomar un poco de la belleza rural y natural, y es buena idea hacer noche en las faldas de alguna montaña. Ofrecen paisajes diversos, pero los más célebres son los **cañones** profundos y los **lagos glaciares de Rila** y **Pirin,** así como los pintorescos pueblos de los **montes Balcanes** y los **Ródopes.**

▲ Parque Nacional de Pirin.

El coche agiliza bastante el viaje, especialmente si se quiere cruzar los montes Balcanes, que suponen un escollo por la poca frecuencia de conexiones, pero a la vez un regalo paisajístico con algunos de los pueblos más encantadores del país.

A orillas del mar Negro se encuentra la región búlgara más pujante económica y turísticamente, muy bien comunicada con la capital. Quizá sea la menos exótica para el público acostumbrado a playas de primera, pero merece la pena estirar el viaje para disfrutar de un par de localidades milenarias como **Nesebar** y **Sozopol,** que protegidas en sendas penínsulas, ofrecen estampas pintorescas donde las ruinas griegas y paleocristianas se funden con las casitas del Renacimiento Nacional.

Bulgaria en cifras

Geografía y población

Al este de la península de los Balcanes, ocupa una superficie de 110.000 km² (aprox. un cuarto de España), formando un rectángulo de unos 450 km de ancho por 250 de alto. Suma 1.867 km de fronteras que comparte con Rumanía, Serbia, Macedonia, Grecia y Turquía, además de 375 km de costas. Es uno de los países menos poblados de Europa, con poco menos de 7 millones de habitantes, cifra que desciende constante desde su máximo histórico en 1989, con 9 millones. Su población actual es similar a la de 1945.

Sociedad y religión

El 85 por ciento se considera búlgara, el 9 por ciento turca y el 5 por ciento gitana, siendo rusos y armenios las minorías más notables. Los búlgaros son étnicamente eslavos, pero la tierra que habitan les ha dado maneras y matices que a veces tienen más que ver con lo mediterráneo. La Iglesia ortodoxa es una figura aglutinante en la construcción de la identidad nacional: antídoto frente a la asimilación durante los cinco siglos de dominio otomano. Alrededor del 60 por ciento de la población se declara ortodoxa, el 10 por ciento musulmana, otro tanto atea, el 1 por ciento católica o protestante, y un 20 por ciento se reserva la respuesta.

▼ Iglesia de los Cuarenta Mártires de Veliko Tarnovo.

Economía

Con el PIB per cápita más bajo de la UE, Bulgaria es su miembro más pobre, aunque la tendencia es positiva y la cifra de paro muy baja: alrededor del 5 por ciento. Entre los años 2000 y 2008 el PIB creció a pasos agigantados, con tasas interanuales de más del 7 por ciento, pasando de unos 13.000 millones a 55.000. Luego llegaron años de estancamiento, pero desde 2016 ha recuperado una senda de sólido crecimiento que apenas se resintió con la pandemia. Las previsiones siguen siendo optimistas, aunque el problema demográfico plantea un reto.

Organización del Estado

Es una república parlamentaria con una única cámara de representantes, la Asamblea Nacional, cuyos 240 miembros se eligen cada cuatro años y nombran al Primer Ministro. Ambas figuras aglutinan el poder ejecutivo y legislativo, siendo el presidente de la República una figura con poco margen de maniobra: es elegido por sufragio directo en unas elecciones independientes que se celebran cada cinco años. La Constitución aprobada en 1991 ha sufrido ya múltiples modificaciones.

▌ Idioma y símbolos

El búlgaro es un idioma de la familia eslava que se escribe con alfabeto cirílico, como el ruso, lengua con la que comparte muchas similitudes. Casi todos los nombres propios y señalizaciones se transliteran al alfabeto latino, pero conviene familiarizarse con las letras a la hora de viajar en coche o moverse por zonas rurales.

La bandera consta de tres franjas horizontales: blanca, verde y roja (de arriba abajo). Se adoptó tras la Liberación (1879) y desde entonces ha ido añadiendo y eliminando los escudos del Estado en sus diferentes formatos. El actual consiste en dos leones coronados que soportan un escudo con un tercer león coronado bajo el que se lee "La unión hace la fuerza"; el león es un símbolo recurrente desde el Segundo Imperio búlgaro que se recupera tras la Liberación.

▌ Patrimonio de la Humanidad

Hay nueve espacios inscritos en la lista de Patrimonio de la Humanidad de la Unesco: la iglesia de Boyana, el monasterio de Rila, el Parque Nacional de Pirin, la tumba tracia de Kazanlak, las iglesias rupestres de Ivanovo, la ciudad vieja de Nesebar, el caballero de Madara, la tumba tracia de Sveshtari y la Reserva Natural de Srebarna. Existe un décimo que es internacional: varias reservas del Parque Nacional de los Balcanes Centrales *(Stara Planina)* incluidas dentro de los "Hayedos primarios de los Cárpatos y otras regiones de Europa".

▌ Geopolítica

En el corredor que une Asia y Europa, los búlgaros han tenido que caminar sobre el filo de la navaja de los imperios. El relato histórico simplificado establece a Turquía como la vecina "mala" por los cinco siglos de dominio otomano, aunque las disputas territoriales fueron incluso más feroces con Serbia o con Bizancio-Grecia. Esta última históricamente ha desempeñado un papel de tutora espiritual e intelectual, figura de la que los nacionalistas lucharon por librarse entre finales del XVIII y principios del XX. Fue entonces cuando Rusia emergió como "madre paneslava", cuyo ejército fue clave para la liberación de 1878. También lo fue en la liberación de 1944, aunque las posteriores imposiciones soviéticas generan sentimientos de aversión que se han acentuado tras la invasión a Ucrania. Sus relaciones con Europa Occidental apenas daban sus primeros pasos en la primera mitad del siglo XX cuando se interrumpieron con la llegada del comunismo, pero ahora viven sus mejores momentos.

▲ Réplica de la tumba tracia de Kazanlak.

No hay que perderse...

▌ ¡Cuidado!

En Bulgaria los gestos para afirmar o negar con la cabeza se hacen justo al revés que en el resto de Europa: sí para no y no para sí.

▌ **Descubrir la espiritualidad ortodoxa** en uno de sus remotos monasterios, que conservaron y promovieron la cultura y tradición búlgaras.

▌ **Comer yogur casero** en el país donde se descubrió su bacteria y donde alcanza niveles de calidad y sabor insospechados, incluso sin añadir las habituales frutas del bosque.

▌ **Recorrer las montañas**, donde se conservan mejor las esencias nacionales, ya sea en Pirin, Rila, los Ródopes o los montes Balcanes.

▌ **Probar un Mavrud o un Melnik**, variedades de uva autóctonas con las que se hacen sus vinos más genuinos. Cientos de pequeñas bodegas inundan el país y ofrecen catas a visitantes.

▌ **Visitar un monumento real socialista**. Murales, esculturas y monolitos decrépitos aún pueblan el país sin generar grandes conflictos.

▌ **Conocer la cultura tracia** a través de alguno de sus túmulos funerarios milenarios.

▌ **Asistir a una misa cantada**. Haciendo honor a su significado literal, la ortodoxia conserva esta tradición de tonos hipnóticos, siempre más vistosa en domingos y festivos.

▌ **Beber agua de fuentes y manantiales**. Muy abundantes, son un orgullo nacional. Muchos los visitan para llenar sus garrafas (mejor aún si están junto a un monasterio) o como destino de rutas de senderismo.

▼ Monasterio de Rila.

▌ Prender una vela en una iglesia, ya sea a un santo, a la salud o a la paz: la forma de colaborar al sustento de los templos y de contribuir a su característica estampa.

▌ Oler rosas en la región de Kazanlak y disfrutar del paisaje mientras se descubre la cultura e industria de uno de los mayores productores mundiales de aceite de rosa.

▌ Asistir a un festival en las montañas. Especialmente en los Ródopes, los hay de música electrónica o de folclore, todos en curiosos escenarios naturales que revelan el carácter búlgaro.

▌ Sentarse en una vieja columna clásica. Los puristas quizá se indignen pero, en un país que no puede asumir la cantidad desmesurada de restos arqueológicos que descubre en cada esquina, hay que entender que algunos acaben sirviendo de mobiliario urbano.

▌ Acercarse a la historia del Imperio Otomano, su desintegración en los Balcanes y sus complejas consecuencias.

▌ Descubrir la iconografía bizantina a través de figuras serenas, piadosas y de miradas penetrantes que abarrotan los templos.

▌ Presenciar un *horo*, el tipo de baile tradicional que se realiza en corro y con ritmos típicos de los Balcanes (¡a poder ser con gaita incluida!).

▲ En la región de Kazanlak, la fragancia de la rosa lo inunda todo. Se utiliza para elaborar perfumes y aceites esenciales muy apreciados internacionalmente.

Un poco de historia

¿Sabías que...?

A menudo se habla de "zares búlgaros" o del "Imperio Búlgaro". Estas locuciones son traducciones literales de los títulos medievales de *khan* (Mongolia) o *zar* (Rusia), términos que fueron recuperados Fernando I en 1908, aunque para ajustarse a la realidad lo más razonable sería traducirlos como "reyes" o "Reino".

Los búlgaros remontan su origen étnico miles de kilómetros al este, en Asia Central. Llegaron a Europa alrededor del siglo V, luego cruzaron el Danubio, ocuparon Tracia y se fundieron con sus tribus; hoy utilizan con orgullo el adjetivo "tracio" como algo propio.

Siglo V a.C. La unión de distintas tribus tracias conforma el reino odrisio, cuyo primer líder fue Teres I.

Siglo IV a.C. Filipo II de Macedonia y su hijo Alejandro Magno someten muchos de sus enclaves, como Sofía y Plovdiv, que se refundan como polis griegas. Helenización.

Siglo I a.C. Tracia se convierte en una provincia del Imperio Romano y se da por extinguido el reino odrisio.

313 Constantino I el Grande promulga el edicto de tolerancia con el Cristianismo.

476 Caída del Imperio Romano de Occidente.

632 Khan Kubrat establece la Antigua Gran Bulgaria, que se extiende por Crimea y al norte del Mar Negro.

681 Tras la victoria de su hijo, Khan Asparuh, en la batalla de Ongal ante los bizantinos, Constantino IV reconoce el Primer Reino de Bulgaria, situado al sur del Danubio.

802 Khan Krum expande el territorio y anexiona Sofía *(Serdica)*.

865 Boris I abraza el Cristianismo.

886 Cirilo y Metodio evangelizan tierras búlgaras.

927 Constantinopla reconoce la autocefalia de la Iglesia búlgara.

1018 Bulgaria cae en manos de Bizancio y desaparece su Patriarcado.

1054 Gran Cisma de la Iglesia.

1185 Los hermanos Asen lideran una rebelión en Tarnovo: se establece el Segundo Reino de Bulgaria.

1235 Se restablece el Patriarcado autocéfalo de Tarnovo.

1393 Asedio y conquista otomana de Veliko Tarnovo.

1395 Iván Shishman, último rey búlgaro, es capturado y ejecutado. Los otomanos eliminan el Patriarcado pero toleran las diócesis locales.

¿Sabías que...?

Durante el dominio otomano, con una Iglesia dependiente de Constantinopla, la lengua y cultura búlgaras estaban en riesgo de asimilación bizantina. La conquista de un Patriarcado propio fue, en un primer momento, incluso más importante que las conquistas administrativas o territoriales a los turcos.

1762 Paisio de Hilandar publica la primera historia búlgara moderna, precedente del Renacimiento Nacional Búlgaro.

1832 Grecia proclama su independencia del Imperio Otomano con la ayuda de Rusia, Francia e Inglaterra.

1839 Tanzimat: periodo aperturista que promueve el otomanismo por encima de razas y religiones, pero que da alas al nacionalismo.

1859 El metropolita de Plovdiv celebra una misa en búlgaro y reniega del Patriarca de Constantinopla.

1870 El sultán reconoce la autocefalia de la Iglesia búlgara pero no el Patriarca de Constantinopla. Nace el exarcado de Bulgaria.

1876 Rebeldes nacionalistas se sublevan en abril en los montes Balcanes y son aplastados por el sultán.

1877 Guerra Ruso-Turca. Rebeldes búlgaros apoyan a los rusos.

1878 El Tratado de San Estéfano establece el Principado de Bulgaria como provincia autónoma del Imperio Otomano, pero el Tratado de Berlín lo corrige y amputa su mitad sur para crear la Rumelia Oriental.

1879 La Asamblea Nacional aprueba la Constitución de Tarnovo y elige a Alejandro José de Battenberg como Jefe de Estado por recomendación de su tío, el zar Alejandro II de Rusia.

▲ Monumento en memoria del rey búlgaro Iván Shishman, en Samokov.

▌La "Liberación" búlgara

El término se refiere al momento en que, tras la guerra ruso-turca, en 1878, se establece el Principado de Bulgaria integrado en el Imperio Otomano. La independencia real no llegaría hasta 1908, sin embargo los búlgaros tienen más presente esta fecha anterior.

▼ Sellos con distintos uniformes búlgaros: guerra serbo-búlgara y guerra de los Balcanes.

1882 Se proclama el reino independiente de Serbia.

1885 Un alzamiento popular fuerza la reunificación de Rumelia Oriental y el Principado de Bulgaria.

1887 Fernando I, nacido en Viena y vinculado a occidente, es nombrado príncipe de Bulgaria.

1888 El primer Orient Express conecta París con Estambul como símbolo de apertura del Imperio Otomano y de unión de las dos Europas.

Fin de siglo Tensiones territoriales y étnicas en las provincias autónomas o liberadas del Imperio.

1908 Declaración de Independencia. Bulgaria vuelve a ser un reino soberano. Fernando I es coronado *zar*.

1912 Primera Guerra de los Balcanes entre la Liga Balcánica (Bulgaria, Grecia, Montenegro y Serbia) y el Imperio Otomano.

1913 La Paz en Londres expulsa a los otomanos de los Balcanes tras 500 años de dominio. Estalla la Segunda Guerra de los Balcanes entre los miembros de la vieja Liga. Bulgaria pierde grandes cantidades de terreno: Primera Catástrofe Nacional.

1915 Bulgaria ocupa la Macedonia serbia y entra en la Primera Guerra Mundial enfrentándose a la alianza de franceses, ingleses y griegos.

1918 Fernando I firma la rendición ante los aliados y abdica en favor de su hijo Boris III.

1919 Tratado de Neuilly-sur-Seine: Bulgaria pierde su acceso al mar Egeo en favor de Grecia, y territorios orientales en favor del reino de Yugoslavia; su ejército no podrá tener características ofensivas: Segunda Catástrofe Nacional.

1935 Bulgaria solicita revisar el Tratado de Neuilly-sur-Seine ante la carrera armamentística Europea.

1940 Boris III rechaza sendos pactos bilaterales con la Unión Soviética y el Tercer Reich.

1941 Hitler y Mussolini fuerzan al rey a adherirse al Pacto Tripartito para poder atacar, desde territorio búlgaro, a Grecia y Yugoslavia.

1943 Muere Boris III. Su hijo Simeón II tiene seis años y asume la regencia su tío Cirilo. Sofía es bombardeada a finales de año y principios del siguiente.

1944 En septiembre, un Ejército Rojo que ya está en el Danubio, presiona para forzar un cambio de bando de Bulgaria. Finalmente invade el país casi a la vez que un levantamiento interno derroca al gobierno: Bulgaria declara la guerra a Alemania.

1945 El regente Cirilo de Bulgaria es ejecutado por crímenes de guerra.

1946 Los comunistas promueven y ganan un proceso constituyente que abole la monarquía (el regente Simeón II ha de huir a Egipto), fundan la República Popular y dan plenos poderes al Partido Comunista.

1953 Cirilo de Bulgaria es proclamado Patriarca de la Iglesia autocéfala de Bulgaria, que ahora sí reconoce el Patriarca de Constantinopla.

1955 Adhesión al Tratado de Varsovia, lo que supone su integración en el bloque pro-soviético.

1989 Tras la caída del Muro se producen disturbios en Sofía. El 10 de noviembre es depuesto el histórico Todor Zhivkov y comienzan las reformas hacia el multipartidismo.

1990 Elecciones constituyentes en junio con mayoría absoluta del Partido Socialista.

1991 El Parlamento aprueba la Constitución. Las elecciones legislativas dan resultados más plurales.

2001 El partido del ex monarca Simeón II gana las elecciones y este se convierte en Primer Ministro hasta 2005.

2004 Bulgaria se une a la OTAN.

2007 Bulgaria entra a formar parte de la UE.

2018 Bulgaria asume la presidencia de turno del Consejo de la UE.

2024 Bulgaria entra en el espacio Schengen.

▲ Simeón II en el funeral del patriarca Neófito, líder de la iglesia ortodoxa de Bulgaria.

"Los estudiantes habían sacado todos los pupitres a la calle y construido una enorme barricada que bloqueaba el tráfico e impedía que los vehículos blindados llenos de soldados pudieran salir de la plaza del Parlamento (…) la gente sospechosa de ser 'basura roja', sobre todo los ancianos, eran rechazados y apedreados."

Jóvenes Talentos,
Nikolai Grozni

Naturaleza y paisaje

Bulgaria presenta una geografía muy diversa. Suma cientos de cumbres por encima de los 2.000 m que le proporcionan abundantes recursos hídricos en forma de manantiales y ríos de montaña, así que con un terreno calizo y arenisco, los cañones en los valles son una constante. La tierra es fértil y el clima ayuda a que, en las también extensas llanuras, se cultiven rosas, viñedos, nogales, avellanos, almendros, cerezos, manzanos… y crezcan por doquier higueras, membrillos o granados. Con más de un 30 por ciento de terreno montañoso y otro tanto de superficie boscosa, hay espacio para numerosos ciervos y jabalíes, a cuyas crías acechan chacales y zorros también para algunos ejemplares de oso pardo o de lince europeo. Por su parte, los humedales del Danubio o los circos glaciares de las montañas dan vida a cientos de especies de aves y anfibios.

Las montañas se concentran en el cuarto suroccidental, con los macizos de Rila, Pirin y los Ródopes, y en la franja central del país, donde los montes Balcanes atraviesan Bulgaria de oeste a

▼ Meandro del río Arda en la región de los Ródopes.

este dividiéndola en dos. Al norte, en el valle del Danubio, y al este, en la costa del mar Negro, el terreno es más suave. Las llanuras más rotundas se ubican al sur de los montes Balcanes y al este de los Ródopes, una región vitivinícola llamada Valle de Tracia en recuerdo a la primera gran civilización de la zona.

Hay dos cuencas hidrográficas: la del Danubio, la más extensa, y la del mar Egeo, que ocupa solo un 40 por ciento de la superficie del país, pero aglutina sus grandes recursos hídricos. El río más largo que discurre únicamente en Bulgaria es el Iskar (368 km), afluente del Danubio, que nace en Rila. Sin embargo, la del Danubio (2.850 km) sería la porción de río internacional más larga del país, con 470 km en suelo búlgaro haciendo de frontera con Rumanía. Otro río reseñable es el Maritsa (480 km), que nace también en Rila y recorre 309 km por Bulgaria para desembocar en el mar Egeo tras haber hecho de frontera entre Grecia y Turquía en los kilómetros restantes.

Bulgaria disfruta de 375 km de costas donde se intercalan playas de arena y pequeños acantilados, algunos muy característicos por su caliza blanca, especialmente alrededor de Varna.

Parques nacionales

Hay más de 16 reservas de la biosfera en el país, pero por ahora son solo tres los parques nacionales, todos en terreno montañoso. Los de Rila y Pirin son muy similares, con grandes altitudes, cimas escarpadas y bosques de coníferas. El techo de Bulgaria, el Musala (2.925 m), está en Rila, mientras que la segunda cima, el Vihren (2.914 m), está en Pirin. A su alrededor, enormes lagos glaciares son el paisaje más demandado del verano. Por su parte, el de los Balcanes Centrales es menos elevado (Botev, 2.376 m), y en sus montes, más viejos, crecen interesantes bosques templados.

Los parques cuentan con una extensa red de refugios de montaña, lo que permite hacer travesías de varios días con facilidad. El concepto de refugio es bastante amplio en Bulgaria: los que se ubican a mayor altitud se parecen a los nuestros, mientras que los más bajos a menudo se parecen más a albergues o posadas de montaña, ofreciendo habitaciones austeras, pero privadas. No suele ser muy fácil encontrarlos en internet, siendo buena idea localizarlos a través de las páginas web de cada parque nacional.

Personajes célebres

San Iván de Rila (876-946)

También llamado Juan de Rila, es uno de los primeros santos búlgaros. Eremita, marcó una pauta en la filosofía monástica nacional. Después de ordenarse sacerdote se retiró, desengañado con la Iglesia, a las montañas buscando soledad y oración. Sus discípulos le atribuyeron varios milagros, por lo que sus reliquias se convirtieron en objeto de culto. Hoy se encuentran en el monasterio de Rila (▶28), cerca de la cueva en la que pasó los últimos doce años de su vida.

San Paisio de Hilandar (1722-1773)

En búlgaro, Otets Paisii Hilendarski, fue un clérigo a quien se le atribuye la semilla del Renacimiento Nacional en tanto que fue autor de la primera historiografía moderna búlgara (1762). El texto se considera clave para la recuperación del orgullo nacional, debilitado tras más de tres siglos de dominación otomana. Su apellido lo toma del monasterio de la localidad de Hilandar, en el monte Athos, una especie de Estado eclesiástico ortodoxo bajo soberanía griega con decenas de monasterios. Allí, en compañía de un buen número de clérigos búlgaros, pasó la mayoría de su vida estudiando y preparando la publicación. Natal probablemente de Bansko (▶75), cuenta allí con un monumento y un pequeño museo.

Vasil Levski (1837-1873)

Político y revolucionario, es el héroe nacional más celebrado, con calles, plazas y monumentos en cada población. Llegó a ordenarse en el monasterio de Sopot, aunque al poco abandonó la vida monacal para dedicarse a la liberación nacional; los sobrenombres de *El decano* o *El apóstol de la libertad* le acompañaron en su vida de guerrillero. Durante la década de 1860 participó en diversos intentos de insurrección desde el extranjero, pero en 1869 fundó el Comité Revolucionario con base en Lovech para organizar la rebelión desde dentro, realizando acciones de sabotaje y preparando un alzamiento nacional. Aparentemente traicionado por un compañero, fue capturado por las autoridades otomanas, juzgado y ahorcado en Sofía el 18 de febrero de 1873 en el mismo lugar donde hoy se levanta un monumento en su honor (bul. Vasil Levski con bul. Yanko Sakazov). De su figura se dice que no luchaba contra los turcos sino contra el sultán, y que diseñó una Bulgaria posrevolucionaria democrática e inclusiva, en la que cupieran musulmanes, judíos y cristianos. Si Paisio de

▼ Monumento a Vasil Levski, héroe nacional, en el parque de Gerena, Sofía.

Hilandar abonó el terreno, Levski lo sembró y, con su muerte, se prendió la chispa definitiva para la revolución. Existe también un museo dedicado a su figura en su localidad natal, Karlovo (▶82).

Boris III (1894-1943)

Popular monarca que accedió al trono con 24 años tras la dolorosa derrota de la Primera Guerra Mundial, conflicto que forzó la abdicación de su padre Fernando I. En una época convulsa, ejerció la Jefatura de Estado haciendo equilibrio entre gobiernos de extrema derecha e izquierda, y resistiendo diversos golpes de Estado. En los años 30 trató de mantenerse neutral entre la URSS y el Reich, mediando incluso entre ellos, aunque finalmente la presión le alineó con el eje fascista en 1941. Su ejército no participó oficialmente en la contienda y, aunque estableció guetos, no permitió la deportación de judíos a campos de exterminio de Polonia. En 1940 lamentaba: "Mis ministros apoyan a los alemanes, mis diplomáticos a los ingleses, mi mujer a los italianos y mi pueblo a los rusos. Yo soy el único neutral del país". Murió en circunstancias extrañas dos semanas después de haber visitado a Hitler. Tuvo un funeral multitudinario y fue enterrado en el monasterio de Rila, pero los comunistas lo exhumaron y hoy día se desconoce dónde está enterrado. En los años 90, junto al palacio de Vrana (Sofía), se encontró un cofre que aparentemente contenía su corazón; su viuda lo devolvió al monasterio.

Simeón II (1937-)

El último rey de Bulgaria accedió al trono con seis años, en verano de 1943. Su tío Cirilo ejerció de regente a la sombra de Hitler, por lo que fue condenado a muerte tras la revolución comunista de 1944. La familia huyó a Egipto y, en 1951, Franco le ofreció asilo; se instaló en Madrid. En 1955, al cumplir la mayoría de edad, celebró una ceremonia donde se reafirmó rey de Bulgaria; en 1966 visitó su país (en un avión de la Casa Real española) y fue aclamado por su pueblo, aunque el viaje no trascendió políticamente. Tras recuperar la nacionalidad y después de asegurar que no trataría de restaurar la monarquía, regresó en 2001 para presentarse a las elecciones parlamentarias, ganarlas de forma aplastante y convertirse en Primer Ministro hasta 2005. Casado con una española, pasa la mayoría de su tiempo en Madrid, ciudad de la que es Hijo Adoptivo desde 2004.

Elias Canetti

Es el único premio Nobel (de literatura) nacido en Bulgaria, aunque su obra está escrita en alemán. Abandonó el país con apenas 11 años, pero recuerda su infancia en Ruse, a orillas del Danubio, en algunas páginas de *La lengua salvada*. Nacido en el seno de una familia sefardita, allí aprendió judeoespañol.

Elisaveta Bagryana

Ha estado nominada al Nobel de literatura hasta en tres ocasiones. Traducida a más de 30 idiomas, por ahora no hay nada en español.

Dilma Rousseff

Primera presidenta de Brasil, es hija de un inmigrante búlgaro (Petar Rúse) que, comprometido con la causa comunista, huyó del país en 1929.

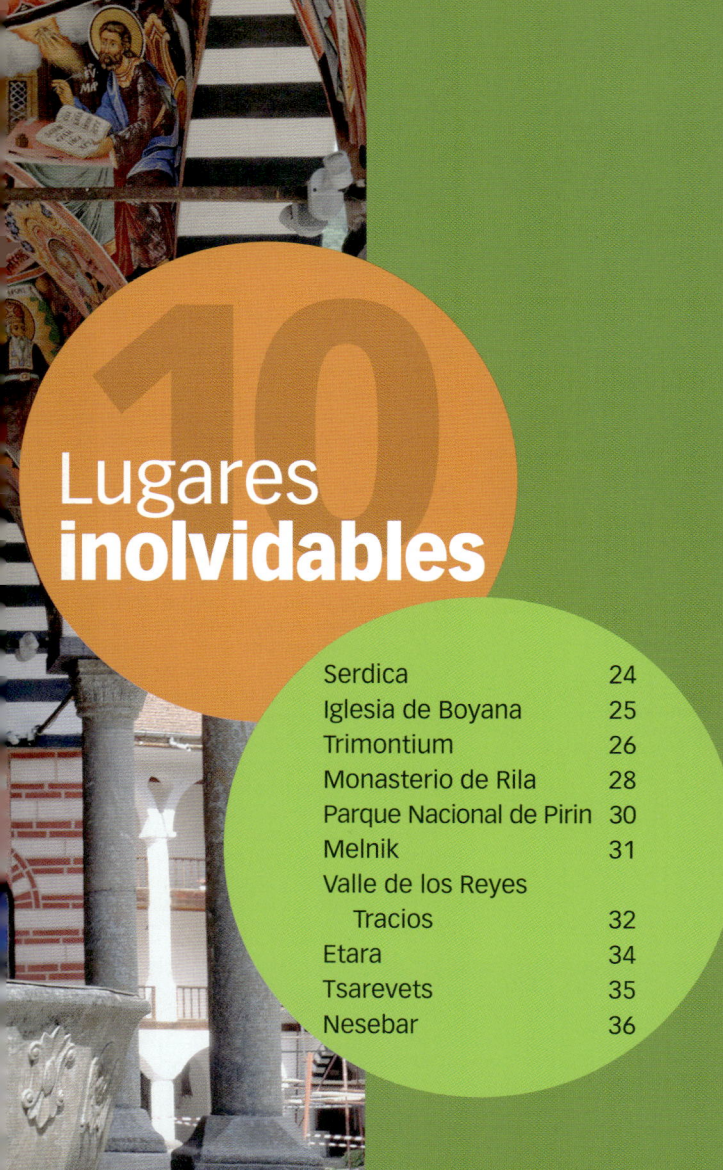

10

Lugares
inolvidables

Serdica

Cuando se estaba construyendo la estación central de metro de Sofía se encontraron los restos de la villa romana que enamoró a Constantino el Grande. Se apostó por integrar la vieja ciudad en la nueva y el resultado ha sido un curioso espacio donde se viaja del Imperio Romano a la Unión Soviética a través de una escalera mecánica.

❚ Info en línea

En la sección "Maps" de la web www.ulpiaserdica.com se muestra la disposición de la vieja Serdica y su evolución a través de los siglos, con información sobre las excavaciones realizadas en la ciudad.

Info

🚇 42, A2
Sveta Petka
🕐 10-18 h

*S*erdica era el nombre de Sofía en la Antigüedad y con el que se ha bautizado a la nueva estación, aunque cambiando la "c" por la "k". Ya en los 50 se encontraron vestigios, como las puertas orientales (en el subterráneo que une el Palacio Presidencial y el Consejo de Ministros por el lado oriental de la plaza de Independencia), que no vieron la luz hasta finales de los 90. Pero el gran cambio llegó con la inauguración de la estación Serdika II, en 2012, cuando se abrió un espacio de 9.000 m^2 cuadrados peatonales y semi subterráneos que da acceso a ambas estaciones y permite cruzar la plaza bajo una gran cristalera entre vestigios romanos, la mayoría de entre los siglos IV y VI.

La pequeña iglesia de Santa Paraskeva (*Sveta Petka Samardzhiiska*) ha quedado en tierra de nadie. No estaba enterrada. Al revés, fue una de las pocas iglesias cristianas activas durante el dominio otomano y conserva frescos originales de entre los siglos XIV y XIX. Su cripta sí fue excavada en 1956 y de aquello se deriva una historia controvertida sobre el destino de los restos del héroe nacional Vasil Levski.

Los restos de la ciudad romana se extienden más allá del centro, como en el hotel Arena di Serdica, construido en 2005 y en cuyo hall se han integrado con gran acierto los restos del anfiteatro romano de la ciudad de finales del siglo III.

▼ Iglesia de Sveta Petka.

Iglesia de Boyana

Dedicada a San Nicolás, es un templo diminuto que conserva los frescos medievales más valiosos del país. Sus figuras de expresiones sutiles y miradas penetrantes dan cuenta del alto nivel cultural del glorioso Segundo Reino de Bulgaria. Por eso se han convertido en orgullo nacional y Patrimonio de la Humanidad.

2

En las faldas del monte Vitosha, próximo al centro de Sofía, este rincón de paz evoca el misterio y sublima la experiencia de encarar estas 89 escenas con 240 figuras, probablemente de la escuela de Veliko Tarnovo. Se diferencian tres etapas de construcción. La más moderna es la antecámara, del siglo XIX, donde apenas se dejan las mochilas. Después aparece el nártex, un añadido de 1259, fecha de la que datan la mayoría de los frescos del templo. En él merece la pena buscar las figuras de Desislava y Kaloyan, nobles que sufragaron su construcción, las dieciocho escenas de la vida de San Nicolás, la de Jesús con los doctores en el templo y frente a esta, una misteriosa mirada que te sigue allá donde vayas. Por último se accede al ábside, la construcción originaria de finales del siglo X. La cúpula conserva un fabuloso Pantocrátor bajo el que aparecen los arcángeles y evangelistas, y donde merece la pena reparar en la *Última Cena*, la *Pasión* y en las expresiones de los santos.

El inconveniente de Boyana es el espacio y el tiempo: las visitas se hacen en grupos de ocho personas como máximo que disponen de diez minutos en el interior. Los días concurridos la espera puede ser larga. Es recomendable hacerse con los servicios de un guía para exprimir al máximo el tiempo en el interior. Desde la iglesia se puede hacer una ruta de 2,5 km a lo largo del río Boyana hasta una cascada.

▲ Frescos del interior de la iglesia de Boyana, un tesoro nacional.

Info

- 42, f.p.
- Boyansko Ezero 3, Sofía.
- Abr-oct, 9.30-18 h; nov-mar, 9-17.30 h.
- Desde pl. Makedoniya, tranvía 7 hasta Manastirski Livadi + bus 64 hasta "Boyansko Hanche". Taxi aprox. 25 lv.
- 10 lv (lunes desde las 15 h, gratis).
- www.boyanachurch.org

Trimontium

El casco viejo de Plovdiv es el mejor conservado del país. Así lo llamaron los romanos, al conquistarlo, a propósito de las tres colinas sobre las que se asienta la población desde hace al menos tres milenios. Su laberinto de callejones empinados esconde la mejor colección de palacios y templos del Renacimiento Nacional, entre patios con higueras, parras, granados…

▌Arquitectura del Renacimiento Nacional

Se refiere a templos y palacetes de entre finales del siglo XVIII y 1878, que se adhieren a una nueva forma de construcción búlgara en la que se buscan simetrías clasicistas pero donde domina el uso de la madera, los tallados y el color, con rasgos comunes a la arquitectura popular de los Balcanes. Junto con la arquitectura soviética, es la más presente en el país.

▼ Campanario de la iglesia de San Constantino y Santa Elena, en Plovdiv.

La calle Saborna sube y muestra las primeras casas encaramadas a riscos, como la **casa-museo de Hristo G. Danov,** con una exposición sobre la edición de libros en Bulgaria. Más arriba aparecen la **Galería Philippopolis** (▶60) y la **catedral de la Asunción** (▶62), tras la cual hay que dar una pequeña vuelta para llegar al **Teatro Romano** (▶63). Siguiendo por Saborna aparece la **Galería de Bellas Artes,** que combina exposiciones temporales con una permanente adelgazada por los múltiples museos de alrededor. Algo más arriba se encuentran la **exposición de Georgi Bozhilov** (gratuita), pintor local de la segunda mitad del siglo XX, y el **museo de la Farmacia,** una casita modesta del siglo XIX con un jardín medicinal y herramientas de época. A la derecha aparecen unos agradables jardines y delante el **museo Zlatyu Boyadzhiev** (▶63) junto al pequeño **museo de Iconos,** con 78 piezas de entre los siglos XVI y XIX, donde se agradece una interpretación exhaustiva de la iconografía que se echa en falta en otros museos del país. Saborna llega el centro neurálgico de Trimontium (oficina de información) al alcanzar la puerta **Hisar Kapia,** una entrada a la muralla del siglo XI que a finales del siglo XVIII se convirtió en icono del movimiento romántico y, a su alrededor, aparecieron algunos de los mejores exponentes del Renacimiento Nacional, como la **iglesia de San Constantino y Santa Elena** (▶64), el **museo Etnográfico** (▶64) o el del **Renacimiento Nacional** (▶65).

Saborna culmina en la **fortaleza de Nebet Tepe** (▶65). Desde la cima, encarando el casco viejo, a los pies aparece la modesta **iglesia armenia de San Jorge,** de finales del XVIII. Sirvió de refugio para miles de armenios que huyeron de las matanzas turcas de 1915, y tiene un memorial en honor a los asesinados y a la tierra que añoran los vivos. Para llegar hay que volver a la iglesia de San Constantino, girar a la derecha y atravesar la **plaza Konstantin i Elena,** donde se pueden ver restos de la muralla sobre la

que hoy asoman viviendas. Un escalón por debajo de la iglesia merece la pena visitar las **casas de Balabanov y Hindliyan** (▶66), y otro más, ya casi de vuelta a Saborna, la **exposición de Encho Pironkov**, pintor abstracto de dramática expresividad, nacido en Plovdiv en 1932.

Para conocer la parte oriental habría que volver al museo del Renacimiento. Frente a su fachada aparece un callejón que da acceso a un parque donde quedan restos de la fortificación. En paralelo, **Kiril Nektariev** es la opción más interesante para bajar hacia el centro, que además alberga la **casa de Veren Stambolyan** (▶66). Se puede girar a la derecha por Palden para visitar el **Teatro Romano** o,

▲ Antiguo Teatro Romano de Plovdiv.

siguiendo por Petko Slaveykov, acercarse a la **iglesia de Santa Paraskeva** (▶66) y la **catedral de San Luis** (▶68) y la **Basílica del Obispo** (▶69).

También desde el museo del Renacimiento se podría bajar por Tsanko Lavrenov, dejando a la izquierda la noble **casa Nedkovich,** con salones palaciegos, y la **iglesia de Santo Domingo,** construida como una fortaleza en el mismo año que la de Constantino y Elena. La calle desemboca en la puerta oriental de Filopópolis, que hoy apenas es un montón de restos de columnas destartalado. Desde aquí aparece una cara muy distinta de la ciudad y, entre casas bajas humildes, Tsar Ivan Sratsimir conduce a la **Pequeña Basílica** (▶69).

Monasterio de Rila

4

En un valle profundo y sin embargo a más de mil metros de altitud, el mayor monasterio de los Balcanes es una auténtica ciudad fortificada, ejemplo más flamante de la tradición monástica búlgara, que busca refugio físico y espiritual en sus bosques y montañas.

Info

- ✉ Carretera 107, km 30.
- 🕐 Recinto, 7-21 h. Interiores, 8.30-16.30 h; verano 19.30 h.
- 🚌 Desde Ovcha Kupel (Sofía), bus a las 10.20 h con regreso a las 15.30 h (▶132).
- 🎫 Recinto gratis. Visitas guiadas, 25 lv (inglés). Museo de Historia, 8 lv; de Iconos, 3 lv; Etnográfico, 5 lv; de Economía, 4 lv; Torre Hrelyo, 5 lv; ticket combinado, 20 lv. Aparcamiento, 5 lv.
- 🖥 www.rilskimanastir.org

El relato devoto establece que lo fundó san Iván de Rila (▶20) en la primera mitad del siglo X, aunque la constancia nos llega del XII, cuando se le conceden derechos administrativos. En 1335 se construyó la torre, las celdas y un templo, aunque la iglesia actual es exactamente cinco siglos posterior, erigida en pleno Renacimiento Nacional Búlgaro. Durante la dominación otomana gozó de privilegios y se convirtió en bastión cultural, pudiendo incluso recuperar, en 1469, las veneradas reliquias del santo fundador. Su biblioteca y escuela fueron aglutinantes de clérigos y pensadores, y su imprenta clave para el movimiento nacionalista durante el XIX.

La iglesia es un tributo de 1834 a la tradición medieval búlgara, absolutamente cubierta de frescos con pasajes del imaginario ortodoxo. Sus arquitectos y pintores, como el célebre Zahari Zograf, sentaron una de las bases del movimiento neobizantino y marcaron la pauta plástica y arquitectónica en el Renacimiento Nacional. Su **icono** más venerado se encuentra bajo la cúpula central, en la parte izquierda,

que está replicado a la derecha del portón principal e interpretado en el museo. Junto a la puerta central del iconostasio, una tela cubre un pequeño sarcófago con reliquias de Iván Rilski que solo se descubre durante los oficios. Exenta se levanta la **torre de Hrelyo,** de 23 m, que se conserva del complejo original del siglo XIV. Alberga la **capilla de la Transfiguración,** con frescos de época mientras que el campanario es un añadido en 1844.

Merece la pena visitar el **museo de Historia** del monasterio comenzando por la planta sótano, sobre la vida e influencia de Iván Rilski, y sobre la vida en el monasterio, las relaciones con los otomanos, su legislación propia y hasta su poderosa guardia armada. La planta baja muestra piezas arqueológicas y de arte sacro. Hay cruces talladas desde el siglo X, destacando la **Cruz de Rafail** de 1802, que con poco más de 80 cm de altura, presenta 600 figuras en 36 escenas de las Sagradas Escrituras. Es tal el detalle que a su alrededor se han impreso fotografías hiperampliadas para poder disfrutarla mejor. Existe también una galería de Iconos, aunque más bien se trata de una sala de retratos de abades; un sorprendente museo Etnográfico con salas que representan lo mejor de la artesanía nacional; y un museo de la Economía del Monasterio durante los siglos XVIII y XIX.

Todos los días a las 17 h se celebra la misa más famosa del país, un rito cantado con graves hipnóticos abierto a los visitantes. Un único monje da comienzo con austeridad, al que después se van uniendo otros en una ceremonia coral *in crescendo*, y en la que se entreabren las puertas del iconostasio, parte prohibida a feligreses, mientras se quema incienso (1 h aprox.)

Alrededor del monasterio, varias **ermitas** sirven de excusa para conocer el entorno. Unos 5 km carretera arriba se puede visitar la capilla en la que fue enterrado Iván de Rila, tras la que se encuentra la cueva en la que pasó los últimos doce años de su vida. Más hacia arriba se pueden comenzar rutas a las cimas del Parque Nacional (▶74).

El monasterio se encuentra a unos 130 km de Sofía, en un valle que penetra por el lateral occidental del macizo de Rila, con un bus directo al día. Hay 100 km de autovía hasta Blagoevgrad y después 30 km de carretera de montaña en buen estado, con lo que se puede visitar en el día, o dormir las celdas del monasterio, previa reserva, para así tener tiempo de conocer el entorno.

▲ El monasterio de Rila se halla emplazado en un hermoso valle a más de 1.000 m de altitud.

Parque Nacional de Pirin

5

La reserva natural más antigua del país protege las cumbres de este macizo imponente al que no está de más tener respeto: más de la mitad de su superficie se encuentra por encima de 2.000 m, así que las nieves lo castigan y erosionan, formando un terreno complicado. Hay que atravesar bosques de coníferas gigantescas que hacen equilibro en unas laderas bien escarpadas para alcanzar alguno de los casi 120 lagos glaciales que esperan cerca de las cumbres.

▲ Vista panorámica del Parque Nacional de Pirin desde el pico Kutelo (2.908 m).

Info

Centro de Interpretación
- Pirin 125, Bansko.
- +359 887 968 608.
- Lu-vi, 9-12.30 h y 13-17 h.
- www.pirin.bg/
- www.pirinmap.com

Telesilla Sedalkov
- +359 7 447 2120.
- Ida, 12 lv; ida y vuelta, 18 lv.
- hoteldobrinishte.com

Su techo, el **Vihren,** suma 2.914 m y cuenta con otros ocho picos por encima de 2.800 m. La norte es su cara más accesible y donde mejor se esquía en Bulgaria. **Bansko** (▶75) es el punto de partida habitual, con buena infraestructura y un teleférico activo la mayor parte del año. Al este, **Dobrinishte** es otro buen campo base, menos masificado y con paisajes fabulosos. Cerca hay un remonte más lento que la Gondola de Bansko, pero que asciende todavía más alto y, además, a diario entre mayo y octubre. Se toma a 10 km del pueblo, en el **refugio de Gotshe Delchev** (Хижа Гоце Делчев), donde el telesilla doble *Sedalkov* asciende de 1.500 m hasta casi 2.250 m (duración: 27 min) junto al **lago Bezbog** (Безбог), con el refugio homónimo, que es el más sugerente de toda la reserva.

La cara sur, menos accesible, también ofrece encantos y la posibilidad de combinar montaña, vino y spa en **Sandanski,** ciudad-balneario que presume de ser el lugar de nacimiento del legendario esclavo revolucionario Espartaco. A 250 m de altitud, la localidad se halla 20 km al sur de la base del parque, es decir, del área Popina Luka, donde hay un refugio de montaña, **Yane Sandanski,** a 1.200 m. Hacia el sureste, alrededor de Melnik, se puede hacer una ruta vitivinícola.

Melnik

En una hoya rodeada de pirámides de arenisca, la capital búlgara del vino es un pueblecito de 400 habitantes donde casi cada una de sus 96 casitas del Renacimiento Nacional son bodegas, hoteles, restaurantes o tiendas de artesanía.

6

En el extremo suroccidental, casi en la frontera con Grecia, se dispone a lo largo de una riera que canaliza las toneladas de barro que bajan de las pirámides con cada lluvia. Pasada la plaza central se puede visitar el modesto **museo del Vino,** un sótano donde se ha recreado una bodega antigua que se remonta a costumbres milenarias (solo en búlgaro, y en el que se puede degustar cuatro vinos caseros.

Junto a su puerta nace un callejón que sube hasta las ruinas de la vieja **casa Bizantina** *(Bolyarska),* construida a en el siglo XIII y que, por su ubicación clave, acabó reconvertida en fortaleza. Más arriba corona el pueblo su construcción más interesante: la **casa Kordopulov,** de 1754, ejemplo soberbio de arquitectura popular de los Balcanes. De una rica familia de comerciantes, servía de vivienda, fonda de viajeros notables y bodega. En las plantas superiores se conservan tallados, pinturas y mobiliario original en estancias que también sirven de museo histórico-etnográfico. El sótano, excavado en la arenisca para mantener una temperatura estable del vino, también se puede visitar. Ofrecen catas de vino y comidas avisando con antelación. A sus pies, las ruinas de la **iglesia de Santa Bárbara** datan del siglo XIII-XIV.

Info

Melnik 42 (hotel Bulgari)
◔ 10-17 h, verano a 19 h.
⊟ 5 lv.
🖰 www.bulgarimelnik.com

Casa Kordopulov
◔ Verano, 9.30-18.30;
   invierno a 16.30 h.
⊟ 6 lv; 28 lv con cata.
🖰 www.kordopulova-house.com

▼ Vista aérea de las pirámides de arena de Melnik.

Valle de los Reyes Tracios

7

Sumergida en las aguas de un embalse al sur de los montes Balcanes, la ciudad ancestral de Seutópolis es caldo de cultivo para la proliferación de mitos. Lógico a juzgar por los cientos de enterramientos nobles que, después de la inundación, se han descubierto alrededor del pantano y han legado a la arqueología búlgara algunos de sus mayores tesoros.

Info

- 📷 Shipka
- 🕐 9-19 h.
- 🎫 6 lv (cada museo o enterramiento).
- 🌐 www.muzei-kazanlak.org

A partir del siglo V a.C., el valle fue un centro de culto para los tracios donde erigían santuarios y celebraban ritos mistéricos, mientras que su centro de poder se ubicaba en la actual frontera búlgaro-turca. Después de que Filipo II de Macedonia y su hijo Alejandro Magno los sometieran en el siglo posterior, el rey Seutes III se rebeló contra los macedonios consiguiendo una victoria parcial y retirándose hacia el interior. Así, alrededor del 320 a.C. se erigió Seutópolis, considerada la única ciudad de fundación genuinamente tracia y no helena, si bien no era estrictamente una polis, sino una suerte de urbe sagrada donde habitaba la corte.

Se descubrió en 1948 mientras se construía la presa de Koprinka. Se excavó y los hallazgos se trasladaron al **museo de Kazanlak** (▶83), la obra siguió su curso y a mediados de los 50 el agua inundó sus ruinas. Desde entonces y especialmente en los años 90, se han encontrado cientos de enterramientos alrededor, lo que ha alentado a fantasiosos a ver en Seutópolis una suerte de Atlántida. El arquitecto Zheko Tilev quizá contribuyó a la leyenda cuando, en 2005, donó a Kazanlak un proyecto megalómano para devolver las ruinas a la luz, represándola con un muro a su alrededor; vale la pena buscar el diseño en internet.

Más allá del mito, lo tangible es una serie de túmulos funerarios repartidos por una llanura coloreada con cultivos de rosa y lavanda; los más interesantes se concentran alrededor del pueblo de **Shipka.** Un kilómetro al sur del centro está la joya del valle: la **tumba de Seutes III,** conocida como *Golyama Kosmatka.* Se advierten dos periodos de construcción: a finales del siglo IV a.C., primero como santuario tracio, y a principios del III a.C., ampliado tras la muerte del rey para ser el enterramiento más fastuoso de Tracia. Es el más grande encontrado hasta la fecha, con una fachada de 13 m, un corredor de tres secciones, una antecámara con cúpula y dos fantásticos portones de mármol, y finalmente una

▲ Cabeza de Seutes III encontrada en su tumba en el Valle de los reyes tracios.

cámara funeraria. Se muestran algunas réplicas de objetos que se encontraron aquí y cuyos originales están en Kazanlak y Sofía. Hay un panel informativo en español.

Saliendo hacia Kazanlak, a la izquierda se encuentra el **centro de interpretación de Shushmanets,** moderno, pero bien integrado, como si fuera un túmulo más entre otros tres que sí son auténticos. El homónimo es el más valioso (subiendo por el camino a la derecha). Muestra un notable trabajo de cantería del granito en la ambiciosa antecámara, con columna y portón jónicos, y especialmente en la cámara circular, de 4 m de diámetro por 4 de alto, con 7 columnas dóricas adosadas y una central. El camino que sale a la izquierda del centro de interpretación conduce al **túmulo de Helvetsia** que, bajo su bóveda apuntada, conserva los portones de la cámara y restos de pigmentos donde algunos se aventuran a ver figuras. Más adelante está el **túmulo de Griffins,** el más antiguo, del siglo v a.C., con un corredor sugerente hacia el portón jónico y una cámara circular.

En dirección a Kazanlak, al cabo de 1 km, la derecha aparece el **túmulo de Ostruzha,** con una cámara rectangular cuya bóveda presenta formas geométricas en las que se han protegido un par de pequeños frescos del siglo iv a.C. con figuras de la mitología griega. Otro kilómetro más adelante, pero a la izquierda, sale la carretera hacia **Buzludzha** (▶83).

Etara

8

Los búlgaros lo tienen fácil a la hora de elegir su pueblo más bonito, aunque con trampas, ya que en realidad es un museo al aire libre, un complejo etnográfico-arquitectónico erigido en 1964 para reproducir las formas de vida y construcción previas a la llegada de la industrialización. Hace una estupenda pareja con un monasterio cercano.

Info

✉ General Derozinski 144, Gabrovo.
🕐 Oct-abr, 9-17 h; may-sep, 9-19 h.
💶 10 lv, visitas guiadas temáticas 20 lv, talleres 25 lv.
🌐 en.etar.bg

▶ Etara es un complejo etnográfico bellísimo fundado en 1964.

Es una farsa pero rigurosa: la mayoría de las 50 obras del complejo son réplicas exactas de construcciones icónicas de localidades colindantes, excepto el molino de agua, que sí está en su ubicación original desde 1780, aunque rehabilitado. Frente a los pueblos de verdad, tiene la gran ventaja de que uno puede colarse a husmear en las casas. Muchas son talleres de artesanos a los que se puede ver trabajando con técnicas tradicionales y comprar sus productos. Hay una fragua, un telar, una cuchillería, una pastelería, una fábrica de campanas… Especialmente interesante es la **refinería de aceite** (Sharlan), en cuya planta superior hay un pequeño centro de interpretación de Etara.

Luce especialmente bonito cuando hay celebraciones folclóricas como el día de San Jorge (6 de mayo), de San Juan (24 de junio), de San Elías (20 de julio) y especialmente en la gran feria internacional de artesanía (primer fin de semana de septiembre).

Cuatro kilómetros monte arriba (algo menos si se hace a pie) se puede visitar el **monasterio** femenino **de Sokolski,** un rincón íntimo y coqueto con un jardín mimado, abierto a visitas. Se fundó en 1834 y durante la guerra ruso-turca funcionó como hospital. Ni el templo, un escalón por debajo, ni sus frescos de 1865 se consideran obras maestras pero conforman una figura típicamente búlgara y de los montes Balcanes que no podría encajar mejor en el entorno.

Tsarevets

9

La guinda de Veliko Tarnovo es esta fortaleza, en una península entre los meandros del Yantra, donde nació y se hizo fuerte el Segundo Reino Búlgaro. Apenas sobreviven sus murallas, sin embargo ofrece un paseo panorámico que deja huella, con un curioso memorial donde el arte socialista y el cristiano se estrechan extrañamente la mano.

Info

- Tsar Asen I, Veliko Tarnovo.
- Abr-sep, 8-19 h; oct-mar, 9-16 h (último acceso 1 h antes del cierre).
- 10 lv. Visita guiada en lengua extranjera 40 lv.
- www.museumvt.com

Ya fue un asentamiento en tiempos romanos, pero se desarrolló a partir de 1185, cuando Petar II Asen consiguió proclamar el reino ante Bizancio y la convirtió en su capital. El recinto llegó a albergar 500 viviendas, más de veinte templos y cuatro monasterios, pero tras el asedio otomano de 1393 cayó en desgracia. Hoy es una colina donde se intuyen las viejas cimentaciones, por las que se puede pasear libremente mientras se echa de menos algo de información.

Se accede desde la **plaza Asen I** por un brazo de la muralla que se extiende sobre el istmo de entrada a la península. Un plano marca en rojo las construcciones que se han reconstruido: sus cuatro puntos de mayor interés. Para coronar se puede ir recto por unas escaleras, aunque es más agradable suavizar la subida por la izquierda, pasando por el **palacio de los Reyes Búlgaros.** Por ahora consiste en algunas estancias reconstruidas vacías, cuyo patio se usa como escenario de verano.

Arriba, el **antiguo Patriarcado** y su **"catedral" de la Ascensión** se han reconstruido parcialmente. Ante todo es un pedestal con unas vistas fabulosas que se pueden mejorar subiendo a la torre (2 lv). El templo es uno de los monumentos más extraños de Bulgaria, una suerte de iglesia real socialista donde confluyen la iconografía cristiana y las pretensiones comunistas. Por fuera mantiene las apariencias, pero en el interior, unos dramáticos murales evocan pasajes bíblicos sin hacerlos explícitos, evitando el uso de la cruz y mezclándolos con otros del imaginario nacional. Se construyó en 1981 con motivo del 1.300 aniversario de la proclamación del Primer Reino de Bulgaria, y se decoró en 1985 consiguiendo incomodar a todas las sensibilidades.

Se puede concluir dando un paseo tanto al sur, hasta la **torre Baldwyn,** que se asoma a la ciudad, como al norte, hasta el antiguo monasterio y lugar de ejecuciones, donde se tienen vistas de las iglesias y los acantilados del Yantra (▶87).

▼ Catedral de la Ascensión ubicada en la famosa fortaleza medieval Tsarevets.

Nesebar

Pequeño bastión de la ortodoxia medieval, esta península del Mar Negro presenta una exagerada proporción de iglesias bizantinas por habitante, con más de 20 en una superficie de apenas 1 km de largo por 400 m de ancho. Algunas en pie, otras en ruinas o otras reconstruidas, forman una pareja fantástica con las casitas típicas del Renacimiento Nacional.

Info

Información, visitas guiadas y entradas combinadas en el museo Arqueológico
- ✉ Mesembrija 2.
- ⊙ Verano, 9-19 h; primavera y otoño, 9-18 h; invierno, 9-17 h.
- 🎟 Sencillos, 4-7 lv; combinados, 10-26 lv.
- 🖥 www.ancient-nesebar.com

L lama la atención el celo con el que los encargados de cada templo vigilan sus puertas. Tienen la orden de no dejar ni asomarse a quien no haya pagado. Quizá pretendan evitar el posible desencanto que produce un vistazo rápido, pues la mayoría no conservan sus interiores. Pero merece sobradamente la pena darles una oportunidad, adquirir un tique combinado y disfrutar de unos tesoros que, aunque no muy esplendorosos, brillan cuando se les dedica un rato. Por otro lado una vez abren la puerta, el celo de los encargados se convierte en amabilidad e información.

Accediendo por el istmo, a mitad de camino aparece un molino giratorio del siglo XVIII reconstruido. También una estatua de 2006 de un pescador sosteniendo una cruz que representa a san Nicolás de Bari, patrón de los marineros por estas latitudes. La entrada solemne se hace a través de los restos de una fortaleza construida hace unos tres mil años por los tracios, y después ampliada y reforzada por romanos y bizantinos.

Nada más atravesar la puerta, a la derecha aparece el **museo Arqueológico** (▶101). Continuando recto por Mesembrija se llega a una plazoleta ajardinada donde se levanta la **iglesia de Cristo Pantocrátor** (▶101). Junto a esta nace la **calle Mitropolitska,** que constituye el paseo más popular de la península. Recorriéndola, el primer templo en aparecer es la **iglesia de San Juan Bautista** (▶101), seguido de la **iglesia del Salvador San Spass (Sv. Spas)** (▶102); tras ambas, se ubican los restos de unas termas bizantinas construidas en el siglo VI por el emperador Justiniano el Grande. Continuando por Mitropolitska se alcanza la estampa más cotizada de Nesebar: los **restos de la iglesia de Santa Sofía** (▶102), en pleno centro de la península.

A partir de aquí, merece la pena perderse por los callejones empedrados. A grandes rasgos, a medida que se avanza hacia oriente, el pueblo gana en

¿Sabías que...?

Tras la ocupación otomana, el casco viejo fue parcialmente abandonado, aunque puede presumir de ser uno de los pocos de Bulgaria donde se siguieron construyendo templos cristianos. De hecho, la célebre escuela local de iconos alcanzó su clímax entre los siglos XVI y XVII. A partir del XIX surgieron nuevas construcciones inspiradas en los movimientos románticos y, en paralelo, comenzaron los trabajos arqueológicos.

tranquilidad, siendo la zona sur la más tortuosa y exclusiva, mientras que al norte aparecen establecimientos algo más baratos y la escasa vida oriunda.

En el extremo oriental merece la pena visitar la **iglesia de San Teodoro** (▶102), junto a la cual se encuentra la pequeña **playa de Bunata,** la única de la península. Al norte de Santa Sofía se puede visitar la **iglesia de Santa Paraskeva** (▶102) y, tras esta, echar un vistazo a las ruinas de su hermana melliza, la **iglesia de los arcángeles Miguel y Gabriel,** del siglo XIII y por ahora cerrada al público. En dirección opuesta, al sur de Santa Sofía, se encuentra el **museo etnográfico** (▶102).

Finalmente y dejando lo mejor para el final, si se regresa hacia el oeste por la calle Mesembrija y se gira al sur por Ribatska, se puede visitar la **iglesia de San Stefano** (▶103) y, tras esta, las pintorescas **ruinas de la iglesia de San Juan Aliturgetos,** del siglo XVI, que a pesar de estar clausurada, muchos la consideran la más bella de la ciudad.

Bastante masificado por el turismo en verano, es uno de los destinos más caros del país y puede ser complicado encontrar alojamiento, por lo que conviene reservar. Las casas de cambio presentan precios abusivos.

▼ Interior, de impresionante factura, de la iglesia de San Stefano.

Visita a Bulgaria

Bulgaria

Nación milenaria, ha vivido más tiempo bajo poder extranjero que como país independiente. Por eso, aunque la Ortodoxia es signo de identidad, su historia también la protagonizan *khanes* o *hadzhis* musulmanes o comunistas ateos. En sus calles, las especias y los frutos secos evocan a Oriente, mientras que las fachadas recuerdan a las madres Grecia y Rusia. Así, lo búlgaro es un concepto generoso en el que, a pesar de que las cicatrices no han sanado del todo, abraza la herencia multiétnica, porque sus sabios habitantes son conscientes de que son un episodio más en la eterna Tracia.

▮ Sofía

Suma casi 1,3 millones de habitantes pero desprende una imagen de ciudad tranquila de provincias, espaciosa, con construcciones bajas y muchos espacios verdes. Los montes Vitosha, asomando a menos de diez kilómetros, ponen la guinda en una capital que ofrece calidad de vida y esquí a tiro de tranvía. Tras la Segunda Guerra Mundial quedó marcada por el urbanismo soviético, perdiendo además parte de su patrimonio. Por eso no suele ser el plato favorito de quienes visitan Bulgaria, aunque cada año se está poniendo más guapa a costa de ahondar en su pasado ancestral.

ALREDEDOR DE SERDICA

▮ PL. NEZAVISIMOST
(PLAZA DE LA INDEPENDENCIA) ✱✱

Constituye uno de los mejores ejemplos de arquitectura estalinista fuera de las fronteras de Rusia y quizá sea la estampa más distintiva de la capital, aunque tiene poca animación. Con su construcción en la década de los 50 del siglo xx, los líderes del partido implementaron sus nuevos cánones urbanísticos y mandaron un mensaje tan sólido como sus moles: el comunismo venía para quedarse.

Encarando el este, el edificio central de planta triangular se construyó en 1955 como sede del Partido Comunista y hoy alberga oficinas de la **Asamblea Nacional.**

Al sur, el que fue Ministerio de Industria y después Consejo de Estado, se concluyó un año más tarde y actualmente es el **Palacio Presidencial**; su patio esconde la **Rotonda de San Jorge** (▶46).

El edificio al norte es el **TZUM**, concluido en 1957 para albergar los grandes almacenes públicos, donde a diario 120.000 personas venían a realizar sus compras; hoy cuenta con algunas tiendas exclusivas, oficinas privadas y de la Administración, y es la sede del Consejo de Ministros.

Al oeste, en el lugar donde había una **estatua** de Lenin, se erige ahora una de **Santa Sofía,** un monumento de bronce y cobre que pesa más de cuatro toneladas. Se instaló en el año 2000 con controversia ya que, según reconoció su propio autor, nada tiene que ver con la santa sino con las gentes

▮ Orientación

Diseñada radialmente en torno a Serdica, es buena idea dar paseos hacia el este y el sur para después regresar usando el metro o autobús. Por la noche es algo oscura y puede generar sensación de peligro, pero por lo general se puede considerar una ciudad bastante segura.

🕐 42, A2

◀ Plaza de la Independencia de Sofía.

▼ Asamblea Nacional.

SOFÍA

a la Estación Central

1

2

A

B

C

D

Zhenski Pazar

ul. Pirotska

ul. Pirotska

Botev

Sinagoga

Mercado
Municipal

bul. María Luiza

Fuentes
Termales

Mezquita
Banya
Bashi

Museo
de Historia
de la ciudad

Complejo
Antiguo
Serdica

ul. Triaditsa

ul. Vesletz

bul. Todor Alexandrov

Hristo

TZUM

Iglesia de
Sveta Petka

Pl. Vazrazhdane

Aleksandar Stamboliyski

Serdika

Pl.
Nezavisimost

Catedral de
Sto. Domingo
(Sveta Nedelya)

ul. Pozitano

Iglesia de
San Jorge
(Sveti Georgi)

pl. Atanas
Burov

Damyan Gruev

ul. Lege

Museo
Nacional de
Arqueología

Facultad
de Teología

Jardín
Municip

Palacio
de Justicia

Alabin

Alabin

Galería de
Arte Municipal

bul. Makedonia

Museo
Boris Christoff

Ivan

Denkoglu

ul. General Yosif V. G

Tea
Nac
Ivan

Hristo Botev

Karnigradska

bul. Vitosha

Hristo Belchev

Graf. Ignatev

Palacio
de Telecom

Solunska

Ivayio

Angel Kanchev

Pl. Petko
R. Slaveykov

ul. William Gladstone

Centro
Cultural G8

ul. Petar Parchevich

Knyaz Boris I

Tsar Asen

Georgi S. Rako

ul. Neofit Rilski

ul. Han Asparuh

ul. Patriarh Evitimiy

**National Palace
of Culture (NKD)**

bul. Vitosha

Casa-museo
Nikola
Vaptsarov

Casa-museo
Peyo K. Yavorov

ul. Patriarh Evitimiy

ul. Gurgulyat

Knyaz Boris I

ul. Buzludzha

Templo de
los Mártires
Búlgaros

ul. Vasil Levski

Centro
de Ocio

ul. Svilenitsa

ul. Tsar Asen

ul. Udovo

Palacio Nacional
de la Cultura
(NKD)

ul. 13-ti Mart

Bul

1

2

Parque Zaimov

ul. Iskar

ul. Rosıtsa

ul. Chataldzha

bul. Kniaz Aleksandar Dondukov

ul. Vasil Levski

ul. Panayot Volov

Budapeshta Street

ulitsa Georgi Benkovski

ulitsa Georgi S. Rakovski

ul. Paris

Aleksdar   Dondukov

az

Monumento
Vasil Levski

bul. Yanko Sakazov

eria
Arte
onal

Iglesia de
Santa Sofía

Catedral de
Alexander
Nevski

Kvadrat
500

Museo
de Historia
Natural

Iglesia
Rusa

bul. Tsar Osvoboditel

Santo Sínodo
de la Iglesia
Ortodoxa

Academia
Nacional
de Artes

ul. Oborishte

ul. Krakra

isterio
efensa

Asamblea
Nacional

Biblioteca Nacional
de San Cirilo y
San Metodio

ul. San Stefano

B

Parque
Crystal

Jardines de
los Médicos

Casa-museo
Ivan Vazov

Monumento al
Zar Libertador

Universidad
de Sofía

ul. Krakra

ul. Ivan Vazov

ul. General Yosif V. Gourko

bul. Tsar Osvoboditel

ul. Sheynovo

Sv. Kliment Ohridski

Mausoleo
Battenberg

Parque de
la Princesa
(Knyazheska
Garden)

Puente de
las Águilas

C

sia de
Siete
tos

Tsar Shishman

Yuri Venelin

ul. Vasil Levski

Orlov Most

Monumento
al Ejército
Soviético

Bulevard Evlogi i Hristo Georgiev

Lake Ariana

vitimiy

Graf Ignatev

Estadio Nacional
Vasil Levski

Monumento
Todor Kableshkov

a-museo
Lazarov

Hristo Georgiev

Monumento
Hadzhi Dimitar

D

Vasil Levski Stadium

Parque del
Príncipe Boris
(Borisova Gradina)

3

4

"Las viudas del barrio iban, en medio del repique de las botellas vacías que transportaban, decididas a conseguir su dosis diaria de agua sulfurosa y caliente de la fuente mineral que había junto a la mezquita, decididas a vivir para siempre."

Jóvenes talentos,
Nikolai Grozni

▼ Edificio de los Baños Centrales, que hoy aloja el museo de Historia de la Ciudad.

• • • • • • • • •

Fuentes termales
🕐 42, A2
✉ Bul. Maria Luiza 18-25.

• • • • • • • • •

🕐 42, A2
✉ Pl. Banski 1.
🕐 10-18 h; invierno, lunes cerrado.
🎟 6 lv.
🌐 www.sofiahistory
museum.bg

de la ciudad, independientemente de su religión. La figura emula los cánones clásicos, presenta rasgos eróticos y alegorías paganas, como la corona de laurel o el búho, que la relaciona con el significado griego de Sofía: sabiduría.

▌ SERDICA (▶24)   ***

▌ BAÑOS CENTRALES   ***
La razón de ser de Sofía son sus manantiales y, al norte de la plaza de la Independencia, el **parque Tsentralna Banya** hace honores a esta faceta.

Aquí se erige el último templo de época otomana que aún cumple su función en Sofía: la **mezquita Banya Bashi**, de 1567, cuyo nombre significa "muchos baños". Se construyó exactamente sobre unos baños termales integrados en la ciudad romana de Serdica, cuyos restos son visibles en su extremo nororiental. El exótico interior conserva algunas piezas originales, aunque la mayoría es de una reciente rehabilitación.

Al otro lado de la fuente están los viejos baños turcos (el **Museo de Historia de la Ciudad**) y, a su izquierda, aparecen las **Fuentes Termales**, uno de los lugares más genuinos de la ciudad, donde hay un trasiego continuo de locales que vienen a llenar garrafas que luego beben, ya frías, en casa. Frente a la mezquita, al otro lado de la avenida se erige el **Mercado Municipal**, de estilo neobarroco con rasgos bizantinos, e inaugurado en 1911.

▌ MUSEO DE HISTORIA DE LA CIUDAD   *
El edificio de los Baños Centrales, de 1908, es uno de los más exóticos de Sofía, inspirado en el modernismo vienés pero integrando motivos neobizantinos. Dio servicio entre 1913 y 1986, cuando se cerró por peligro de derrumbamiento. Tras una profunda res-

tauración, en 2015 abrió como museo, conservando parcialmente la forja y los mosaicos interiores.

Dedica un par de salas a la Serdica romana y al arte medieval, pero el grueso de la exposición se centra en la historia moderna, desde que a finales del siglo XIX se convirtiera en la capital de la Bulgaria liberada: la restitución de la monarquía, la vida parlamentaria, las influencias extranjeras, el desarrollo urbanístico de Sofía, la aristocracia… Hay algunas piezas originales de valor y vídeos de época interesantes, aunque se echa en falta narrativa y pedagogía.

▌ SINAGOGA ✱

Con casi 700 m² y una cúpula de 19 m de diámetro por 31 m de alto, es una de las mayores que se conservan en Europa, aunque los gestores prefieren presumir de que es la mayor sinagoga sefardita del mundo.

Se construyó en 1909 (el zar Fernando I asistió a la ceremonia de consagración) mezclando el estilo modernista vienés con el neoárabe, y presenta un interior con policromías arabescas y mosaicos venecianos que ponen la guinda a este barrio de reminiscencias orientales.

Todavía funciona como templo para una pequeña comunidad. Suele haber un guía que habla algo de español y que no espera más que una propina o donación a la sinagoga.

▌ CATEDRAL DE SANTO DOMINGO ✱✱

En el lateral sur de la plaza de la Independencia, **Sveta Nedelya** es una iglesia muy significativa en el imaginario local y una de las más concurridas.

Construida en 1863 sobre un templo anterior del siglo X, fue de los primeros grandes templos de la ciudad en erigirse tras la Tanzimat. Desgraciadamente, en 1925 un grupo terrorista comunista explotó una bomba en su interior durante una misa para asesinar al rey Boris III; el intento fracasó, pero se llevó por delante 128 vidas y parte del edificio. La reconstrucción simplificó un poco su aspecto, eliminando varias cúpulas aunque ampliando sin contemplaciones la principal. Aún luce elegante y sólido, evocando los templos medievales bizantinos.

En el interior, la cúpula cubre casi toda la nave central y los vanos de su tambor iluminan muros y bóvedas, sobre los que no queda un centímetro por decorar con santos y escenas bíblicas saturadas de color. Tras el atentado, las paredes permanecieron blancas hasta que se ejecutaron estos frescos en la década de 1970, con un logrado estilo arcaizante.

▌ "Serdica es mi Roma"

Sofía ya era un asentamiento tracio al menos en el siglo IV a.C., pues consta que la conquistaron Filipo II y Alejandro Magno. Floreció a partir del año 29 a.C., cuando el Imperio Romano desplegó aquí su maquinaria de construcción. Para el siglo IV d.C. era un centro administrativo próspero. Tanto, que Constantino I el Grande, quiso hacer de ella la nueva capital del Imperio unificado, aunque finalmente se decantó por Estambul, por su buena ubicación.

∙ ∙ ∙ ∙ ∙ ∙ ∙ ∙

🗺 42, A2
✉ Exarch Joseph 18.
🕐 9-17 h; viernes oct-abr hasta las 15 h.
🚌 5 lv.
🌐 sofiasynagogue.com/en

∙ ∙ ∙ ∙ ∙ ∙ ∙ ∙

🗺 42, B2
✉ Pl. Sveta Nedelya 20.
🕐 10-18 h.

▼ Catedral de Santo Domingo.

42, A-B2
Knyaz Aleksander
Dondukov 2.
Gratis.

▼ La Rotonda de San Jorge, en el patio interior del Palacio Presidencial, hace un curioso constraste con la mole socialista.

I ROTONDA DE SAN JORGE ✱✱✱

El edificio más antiguo de Sofía da lugar a una de sus estampas más curiosas, ubicado en el patio interior del Palacio Presidencial. No queda claro si los comunistas construyeron el ministerio a su alrededor para quitar protagonismo a la religión o si, por el contrario, proyectaron su mole respetando esta joya. Fuera como fuese, el resultado es de lo más singular y el contraste gusta a todos. Se erigió probablemente en el siglo III d.C. como templo pagano, convirtiéndose en cristiano durante la primera mitad del IV, tras la aceptación del credo por el emperador Constantino I; entonces se utilizó para bautizar a los nuevos fieles. En el siglo XVI los otomanos lo reconvirtieron en mezquita, cubriendo una serie de valiosos frescos ejecutados entre los siglos IV y XIV que, en los años 90, fueron devueltos a la luz y hoy pueden verse en su cúpula de casi 14 m de altura. Cabe destacar su **Pantocrátor,** imágenes de 22 profetas y escenas bíblicas como la *Ascensión de Cristo* y la *Asunción de María.* Tras el ábside aparecen los cimientos de lo que parece fue, bien una basílica mayor, bien un edificio público de época romana.

DEL CENTRO AL ESTE

La ruta más típica del recién llegado se hace hacia oriente, donde se abre la Sofía más monumental, además de la más verde.

Los **Jardines Municipales** sirven de plaza central de facto para la escala humana (en oposición a la plaza de Independencia) y suelen estar muy animados. Al norte de Tsar Osvoboditel, sin embargo, aparece una zona muy tranquila que concentra los mejores templos y palacios erigidos tras la Liberación.

Comenzamos en la **plaza Atanas Burov**, donde cada hora en punto tiene lugar el cambio de la Guardia Presidencial.

MUSEO ARQUEOLÓGICO ✶✶

Se ubica en la antigua mezquita Buyuk, la construcción otomana más antigua conservada en Sofía (1494). El minarete ha desaparecido, pero su planta cuadrada cubierta por nueve cúpulas permite intuir la vieja función.

El grueso de la exposición se muestra en la que fue sala de oraciones, cuyas bóvedas dejan entrever restos de policromías que, para contradicción de una institución como esta, parecen haber sido cubiertas con pintura blanca. Y es que el templo, maltrecho por un terremoto, fue abandonado por sus fieles a mediados del XIX; sirvió como hospital durante la guerra por la Liberación y, desde 1892, es la sede del museo, que inauguró su primera exposición en 1905.

La sala principal se centra en obras funerarias desde la época helenística, arrojando información sobre las principales excavaciones del país de donde provienen. Destaca una réplica (la única del museo) del *Caballo de Madara*, un relieve del siglo VIII declarado Patrimonio de la Humanidad que podría representar al *khan* búlgaro Tervel o al dios Tengri de la mitología turco-mongola (el original está en los alrededores de Shumen).

El ala norte está dedicada a la Prehistoria y la planta superior al desarrollo de la pintura medieval en Bulgaria, con frescos e iconos, entre otros, de la escuela de Nesebar.

En una semi segunda planta se localiza la **Sala de los Tesoros,** pequeña pero que justifica por sí sola la visita al museo. Muestra piezas singulares desde una tardía Edad de Bronce hasta el final de la Antigüedad, donde destacan cascos, armaduras, bustos y máscaras funerarias tracias de los siglos VI a IV a.C.

Museo Arqueológico
- 🕓 42, B2
- ✉ Saborna 2.
- 🕓 May-oct, 10-18 h; nov-abr: ma-do, 10-17 h.
- 💶 12 lv, gratis último domingo del mes.
- 🌐 www.naim.bg

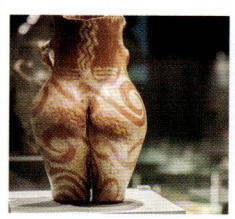

▲ Piezas expuestas en el museo Arqueológico. Destaca el busto de bronce del rey Odrisio Seutes III (2), de principios del siglo III a.C.

▲ Galería de Arte Nacional de Bulgaria, en Sofía.

● ● ● ● ● ● ● ● ●

Galería de Arte Nacional
🕐 42, B2
✉ Pl. Knyaz Aleksandar I 1.
🕐 Ma-do, 10-18 h.
💶 6 lv.
🔗 nationalgallery.bg

❙ PLAZA DEL PRÍNCIPE ALEJANDRO I ★★

Está flanqueada por dos parques que albergan algunos de los edificios más reseñables de la ciudad. Al norte se abren los **Jardines Imperiales**, donde destaca el antiguo Palacio Real de 1882, construido sobre el antiguo *konak* otomano donde fue juzgado y sentenciado a muerte el héroe nacional Vasil Levski. Tras la Liberación, el príncipe Alejandro I mandó renovarlo para que se convirtiera en una residencia real de estilo clasicista. No queda mucho de sus ostentosos salones: nada en la planta baja pero, subiendo su bella escalinata, aún se puede disfrutar de cierta elegancia, especialmente en la sala de ceremonias donde aún se celebran eventos.

Desde 1953 es la sede principal de la **Galería de Arte Nacional,** que suele mostrar varias exposiciones temporales a la vez, al menos una de autores nacionales, generalmente de pintura del siglo XIX o anteriores. También en palacio está el **museo Etnográfico**, anecdótico aunque con una interesante tienda de regalos.

En el extremo noroccidental de los jardines se puede ver el **monumento al Trabant**, un coche fabricado en la República Democrática de Alemania y ampliamente exportado a los países de la órbita soviética que se ha convertido en icono de la cultura popular y recurso de nostálgicos.

Por el lado sur de la plaza aparecen los **Jardines Municipales**. Frente a la Galería Nacional hay una pequeña explanada elevada de piedra y hormigón a veces utilizada para eventos. Son los restos del enorme **mausoleo** de mármol **de Georgi Dimitrov**, líder comunista muy próximo a Moscú que, en 1946, se convirtió en el primer presidente de la

▶ Monumento al Trabant, icono de la cultura popular, en los Jardines Imperiales.

República Popular de Bulgaria. En 1990 su cuerpo embalsamado fue incinerado y enterrado en el cementerio de Sofía, y en 1999, con cierta controversia social, el mausoleo fue desmantelado. Es probable que en los próximos años reciba nuevos usos, incluyendo las plantas subterráneas que permanecen clausuradas.

Encarando el sur, los edificios más interesantes del parque aparecen a la izquierda: el **Ministerio de Defensa**, construido durante la Segunda Guerra Mundial, y, a su lado, el **Teatro Nacional Ivan Vazov,** una obra neobarroca inaugurada en 1907 y reconstruida en 1945 debido a los bombardeos de la guerra. Bajando por la calle homónima se puede visitar el museo de este escritor.

En el extremo meridional del parque es habitual que haya gente jugando al ajedrez. Es una especie de centro de reunión tácito para amantes de este juego tan popular en el país. De hecho, el extraño y colindante **hotel Grand** acoge anualmente un prestigioso torneo internacional de ajedrez. Algunos jubilados se ofrecen a echar una partida a cambio de unas levas. A su lado también aparece la **Galería de Arte Municipal**, con exposiciones temporales de arte contemporáneo.

| IGLESIA RUSA ✳

La **iglesia de San Nicolás el Milagroso,** de estilo neorruso, coloca en Sofía un trocito de las calles de aquel San Petersburgo que apoyó la Liberación de Bulgaria. Se erigió en 1914 sobre la antigua mezquita Saray, destruida en 1882. Tremendamente abigarrado, presenta un interior sombrío que evoca con éxito una misteriosa atmósfera medieval.

▲ Iglesia de San Nicolás el Milagroso, de estilo neorruso.

● ● ● ● ● ● ● ●

Galería de Arte Municipal

🕐 42, B2

✉ Ul. Gen. Gurko 1.

🕐 Ma-sa, 10-19 h; do 11-18 h.

💲 4 lv.

🔗 sghg.bg/en

● ● ● ● ● ● ● ●

🕐 43, B3

✉ Tsar Osvoboditel 3.

🕐 8-18.30 h.

● ● ● ● ● ● ● ● ●

Teatro Nacional Ivan Vazov

🕐 42, B2

◀ Teatro Nacional Ivan Vazov.

IGLESIA DE SANTA SOFÍA ★★

Es el templo del que tomó su nombre la ciudad, además de una de las primeras grandes basílicas cristianas en el Imperio Romano, que da cuenta del fervor con que *Serdica* adoptó la nueva fe promovida por Constantino el Grande.

El actual data del siglo VI, aunque ha sufrido muchas reconstrucciones, especialmente después de ser convertida en mezquita y perder sus frescos, y tras ser bombardeada en la Primera Guerra Mundial (por eso, en la fachada meridional hay una **tumba al Soldado Desconocido** con la llama eterna).

El interior es muy sobrio, siendo su principal atractivo el **museo subterráneo,** que permite viajar a un estadio anterior de la construcción: una necrópolis de entre los siglos III y V, alrededor de una basílica menor. De su nave se conserva un gran mosaico del siglo IV, buen exponente del arte paleocristiano.

Con algún escaso icono o fresco adicional, la visita consiste en caracolear por los enterramientos mientras se consulta un excelente trabajo de interpretación que se remonta hasta el siglo I, cuando *Serdica* se incorporó al Imperio Romano. Hay recreaciones gráficas del templo original y de la villa romana además de un par de vídeos animados, lo que ha convertido a la iglesia, casi sin quererlo, en el mejor museo de Historia Antigua sobre la ciudad y, por eso, un buen punto desde el que empezar la visita a Sofía.

Se puede ver parte de los enterramientos desde la calle, a través de una cristalera (frente a la entrada, a la izquierda). En el jardín que hay tras el ábside se encuentra la **tumba** del célebre escritor nacional **Ivan Vazov.**

CATEDRAL DE ALEXANDER NEVSKI ★★★

La iglesia del Patriarca de toda Bulgaria es la mejor versión del movimiento arquitectónico neobizantino que se desarrolló en el país a finales del siglo XIX y principios del XX. Se construyó entre 1904 y 1912 en honor a los soldados caídos en la Liberación del Imperio Otomano en 1878, y tomó su nombre del héroe y patrón de la Iglesia Rusa, en un claro guiño de los búlgaros al imperio que amparó su emancipación. En el punto más alto de la ciudad, a 552 m, su ubicación tiene mucho potencial, pero no será precisamente privilegiada mientras no se cierre al tráfico la rotonda en cuyo interior se levanta.

Presenta una planta de cinco naves coronada por una cúpula de oro de 45 m y un campanario

---

▲ Iglesia de Santa Sofía junto al Monumento al Soldado Desconocido.

• • • • • • • • • •

Iglesia de Santa Sofía

🕓 43, B3

✉ París 2.

🕓 10-17.30 h; en invierno, lunes cerrado.

💳 6 lv.

🌐 www.sofiahistorymuseum.bg

¿Sabías que...?

Desde 1992, el día de la capital se celebra el 17 de septiembre en honor a Santa Sofía y a sus tres hijas, Fe, Esperanza y Caridad (las virtudes teologales), que fueron torturadas y asesinadas en tiempos del emperador Adriano. Lo curioso es que la ciudad no tomó su nombre de esta santa sino de la iglesia, que originalmente se llamaba iglesia de la Santa Sabiduría de Dios y cuyo nombre acabó simplificándose en Santa Sabiduría, es decir, Santa Sofía en griego. En su interior, iconos de la santa terminan de rizar el rizo.

de 53 m. El interior es oscuro, con muros gruesos y vanos reducidos que crean una atmósfera medieval. Así no es fácil navegar por su fantástico universo de **frescos** que cubren cada bóveda y cada muro con escenas bíblicas y de la vida de los santos, obra de autores como Viktor Vasnetsov o Ivan Mrkvichka (la iluminación artificial es mucho más intensa durante los fines de semana).

El iconostasio, el púlpito, el trono o las lámparas están profusamente decorados con oro, mármoles, ónix brasileño o alabastro indio, y hasta se trajeron mosaicos venecianos. Los interesados en el hipnótico rito ortodoxo harían bien en acercarse a presenciar uno, particularmente en los días festivos, cuando se celebran misas cantadas.

Catedral Alexander Nevski

- 43, B3
- Pl. Sv. Aleksander Nevski.
- 9-19 h. Misas: lu-vi 8 y 17 h, sa 18 h, do 9.30 h.
- www.cathedral.bg

▼ Catedral de Alexander Nevski.

▲ Vista de la Galería
Nacional Kvadrat 500.

• • • • • • • • •

Museo de Arte cristiano
🕐 43, B3
✉ Pl. Sv. Aleksander Nevski.
🕐 Ma-do, 10-18 h.
🎫 6 lv.
💻 www.nationalgallery.bg

• • • • • • • • •

🕐 43, B4
✉ 19-ti fevruari, 1.
🕐 Ma-do, 10-18 h.
🎫 10 lv.
💻 www.nationalgallery.bg

▌ **MUSEO DE ARTE CRISTIANO** ✶✶

La cripta de la **catedral de Alexander Nevski** nunca llegó a albergar enterramientos así que, desde 1965, es una sede de la Galería Nacional. Presume de tener la mejor muestra de iconos del país, con obras del siglo XI al XIX de influencia bizantina. Para seguir un orden cronológico hay que moverse en el sentido de las agujas del reloj. Al entrar a la izquierda se encuentra la pieza más antigua y apreciada, un Pantocrátor de finales del siglo XI encontrado en la iglesia de San Stefano de Nesebar, con un curioso episodio de restauración tras de sí. En adelante hay una representación de escuelas búlgaras y de los Balcanes donde se aprecia cómo las clásicas figuras medievales, planas, sobrias y serenas, son formas casi inmutables que se revisitan con sutileza y respecto, como figuras indisolubles a la tradición búlgara. En este sentido es interesante reparar en obras del Renacimiento Nacional (finales XVIII-XIX) y especialmente en las del XIX más tardío, donde lo arcaizante a veces se encuentra con lo naíf.

▌ **KVADRAT 500** ✶✶

El **palacio de la Imprenta Estatal** era uno de los edificios más majestuosos de Sofía cuando se erigió en 1883 en estilo neoclásico vienés. Bombardeado en la Segunda Guerra Mundial, distintas reconstrucciones

en los 40 y 80 le han devuelto algunos encantos, pero pide a gritos que se abran los vanos ciegos, como antaño. Desde 2015 presume del mayor espacio expositivo de la Galería Nacional, y se ha convertido en la pinacoteca más importante de pintura búlgara de finales del siglo XIX y del XX, aunque en un sentido extenso: con obras de autores adoptivos y de países vecinos. Suma 28 salas amplias repartidas en tres plantas. En la primera, la excepción son unas salas con joyas de maestros italianos del siglo XVI y de franceses y flamencos del XVII, a las que acompañan otras de búlgaros de finales del siglo XIX donde cabe destacar la obra de los románticos Ivan Markvichka o Jaroslav Veshin, dos checos afincados en Bulgaria que jugaron un papel importante en el Renacimiento Nacional.

En la segunda merece la pena reparar en la obra de autores de la primera mitad del siglo XX e influencia impresionista como Elena Karamihailova, Nikola Marinov o Nikola Petrov, en la obra del ruso Filip Malyavin o en la del vanguardista George Papazov.

La tercera planta, de techos altísimos y con un fantástico tragaluz, es muy ecléctica en estilos y autores (de la segunda mitad del siglo XX), mostrando desde obras real socialistas a contemporáneas.

I UNIVERSIDAD ✱

Al sur de la galería aparece la **Academia Nacional de Artes**, un monasterio antes de la Segunda Guerra Mundial, donde se desarrolla la novela *Jóvenes talentos* de Nikolai Grozni, ambientada en la gris Sofía de los años 80. Cruzando la avenida Vasil Levski se llega a la **Biblioteca Nacional de los Santos Cirilo y Metodio**, construida entre 1940 y 1953.

Tras la biblioteca se puede descansar en los **jardines de los Médicos**, un parque encantador y

¿Sabías que...?

Sofía sufrió ataques de las aviaciones británica y americana de manera especialmente intensa entre noviembre de 1943 y marzo de 1944. Miles de edificios de la recién estrenada administración búlgara desaparecieron o recuperaron solo un poco de su esplendor. Los interesados en la vieja Sofía de principios de siglo XX pueden visitar la página www.stara-sofia.com.

Universidad, Academia y Biblioteca Nacional de los Santos Cirilo y Metodio

📍 43, B4
🔗 www.uni-sofia.bg
🔗 www.nha.bg/en
🔗 www.nationallibrary.bg/

▼ Universidad de Sofía.

▲ El memorial de la Hermandad conmemora a los partisanos que lucharon en las campañas búlgaras durante la Segunda Guerra Mundial.

· · · · · · · · · · ·

Asamblea Nacional
Monumento al Zar Libertador
🕐 43, B3

· · · · · · · · · · ·

Mausoleo Battenger
🕐 43, C3

· · · · · · · · · · ·

Parque de las Princesas
🕐 43, C3-4

· · · · · · · · · · ·

Monumento al Ejército Soviético
🕐 43, C4

· · · · · · · · · · ·

Puente de las Águilas
🕐 43, C4

· · · · · · · · · · ·

Parque del Príncipe Boris
🕐 43, C4; D3-4

bastante concurrido con una terraza modernista. En época otomana fue un cementerio turco y ahora, sin embargo, lo preside un monumento piramidal de 1884 dedicado a los más de 500 doctores muertos en la guerra ruso-turca.

En la esquina nororiental, integrado en los pasatiempos de niños y mayores, hay un **lapidarium** con una colección de restos arqueológicos encontrados en la ciudad entre los que se incluyen piezas de una necrópolis turca.

Al sur de la biblioteca se encuentra la **Universidad de Sofía**, de 1934.

❙ HACIA EL PARQUE DEL PRÍNCIPE BORIS   *
Al sur de la catedral de Alexander Nevski, la plaza Narodno Sabranie toma el nombre de la **Asamblea Nacional,** un edificio neorrenacensita erigido en 1886 como cámara legislativa para la recién estrenada autonomía, que aún cumple su función. En el centro de la plaza aparece el **monumento al Zar Libertador**, es decir, Alejandro II de Rusia, levantado en 1903 para conmemorar su victoria ante los otomanos en 1878.

Bajando por Zar Shishman y girando a la izquierda por Hadzi Dimitar se llega al **mausoleo Battenger,** de 1897, donde está enterrado el primer príncipe búlgaro tras la Liberación, Alejandro I. Cruzando la avenida Vasil Levski se alcanza el **parque de la Princesa,** que al menos hasta comienzos de 2024 seguía parcialmente dominado por el enorme **memorial al Ejército Soviético**, de 37 m de altura, erigido en 1954 para conmemorar el 10º aniversario de la liberación de Bulgaria por parte del Ejército Rojo. Siempre polémico, tras la invasión rusa de Ucrania se iniciaron los trámites para desmantelarlo, pero los intríngulis jurídicos continúan en el momento de escribir estas líneas.

El **puente de las Águilas** es el más indicado para cruzar la avenida Vasil Levski hacia el este y entrar en el **parque del Príncipe Boris** *(Borisova Gradina)*, patio de recreo de la ciudad, con el estadio Vasil Levski, el lago de los lirios, paseos flanqueados por héroes nacionales y bosques de hoja caduca que aderezan el cambio de estación.

Los interesados en el arte soviético se pueden acercar hasta la esquina del bulevar Tsarigradsko con la avenida Peyo K. Yavorov, donde se alza el maltrecho **memorial de la Hermandad** (Паметник "Братска могила"), de 1956, con un obelisco de 41 m dedicado a los partisanos búlgaros levantados contra el Reich, y donde hay enterrados 17 protagonistas relacionados con el Partido Comunista.

DE SERDIKA HACIA EL SUR

Una Sofía más cotidiana y ajetreada aparece alrededor de los dos paseos peatonales principales: **Vitosha**, amplio, ajardinado y con montones de terrazas y restaurantes de comida internacional, y **Graf Ignatev**, más estrecho y comercial. Al final de este último, alrededor de la iglesia de los Siete Santos y del mercadillo callejero aledaño, se abre un barrio emergente, moderno, de calles estrechas donde aparecen negocios de espíritu joven, especialmente en la calle Zar Shishman. Comenzamos desde el Palacio de Justicia de 1940, lugar donde comienzan muchas visitas guiadas.

▌ IGLESIA DE LOS SIETE SANTOS   ✱

Lugar sagrado desde hace milenios, quienes crean en puntos de energía quizá tengan algo pendiente con este templo. Su nombre es una traducción libre de "Sveti Sedmochislenitsi", término que hace referencia a los Santos Cirilo y Metodio más sus cinco discípulos, que predicaron el cristianismo en Bulgaria en el siglo IX. Lo tomó tras su última reconversión cristiana de 1894. Antes, desde 1528, había sido la mezquita Negra, de la que ha heredado su gran cúpula. A su vez, esta se había construido sobre un templo cristiano del siglo V, que a su vez se levantó sobre otro helenístico al dios Asclepio. En 1903 incorporó el campanario, las torrecillas, los portones y una profusa decoración con frescos neobizantinos de estilo arcaizante.

> "… miles de ríos fluyen por debajo de la ciudad, serpentean entre las ruinas de Bizancio, las tumbas tracias y los refugios nucleares, y arrastran los huesos de los antiguos cementerios otomanos."
>
> *Jóvenes talentos*, Nikolai Grozni

🕐 43, C3
✉ Graff Ignatev 25.
🕐 8-17 h.

▲ Iglesia de los Siete Santos, un lugar sagrado para distintas culturas.

▲ Palacio Nacional de la Cultura (NKD).

● ● ● ● ● ● ● ●

(NKD)
- 🕐 42, D1
- ✉ Bul. Bulgaria.
- 🚇 NDK.
- 🕐 10-19 h.
- 🌐 www.ndk.bg

Museo de Arte Contemporáneo
- 🕐 42, f.p.
- ✉ Cherni vrah 4.
- 🚇 European Union.
- 🕐 Ma-do, 10-18 h.
- 💶 3 lv.
- 🌐 www.nationalgallery.bg

Museo de la Tierra y el Hombre
- 🕐 42, f.p.
- ✉ Cherni vrah 4.
- 🚇 European Union.
- 🕐 10-18 h.
- 💶 10 lv.
- 🌐 www.earthandman.org

"… era una de esas recias mujeres proletarias que aparecían en los murales del futuro perfecto. ¡Los murales habían cobrado vida! Las estatuas de los parques caminaban entre nosotros. Los eslóganes se habían hecho realidad."

Jóvenes talentos,
Nikolai Grozni

▌ **PALACIO NACIONAL DE LA CULTURA (NKD)** ✳
El tramo peatonal de Vitosha termina en una gran explanada que engalana este palacio de congresos, construido entre 1979 y 1981 para hacer coincidir su inauguración con el 1.300 aniversario de la creación del Primer Reino Búlgaro.

Acoge más de 300 eventos al año entre exposiciones, conciertos, cine, teatro… y a su alrededor hay una interesante vida nocturna. En 2005 recibió un importante galardón al mejor palacio de congresos del mundo. Salvo que se esté celebrando un evento especial, se puede echar un vistazo a parte de los recibidores interiores, con algunos relieves interesantes y juegos de lámparas suspendidas, pero en general son sencillos. Estéticamente el palacio ha envejecido muy rápido, aunque eso es parte de su encanto: ha quedado atascado en un momento muy concreto de la historia.

Cruzando el bulevar Bulgaria por el puente peatonal que hay tras el palacio, se puede visitar el **museo de Arte Contemporáneo**, con muestras temporales de obras desde los años 90 del siglo XX. Se construyó como arsenal militar en 1916 y, después de una fantástica rehabilitación concluida en 2014, se utiliza para exposiciones temporales.

A su lado se encuentra el **museo de la Tierra y la Humanidad**, con una colección de enormes piezas minerales que pueden ser una motivación para que los más pequeños concluyan el paseo.

Continuando hacia el suroeste se llegaría al segundo gran espacio verde de la ciudad, el **parque del Sur** *(Yuzhen)*, no tan noble como el de Borisova pero bastante concurrido. Por el lado occidental del palacio se encuentra una parada de tranvías: en dirección sur, el n° 7 lleva hasta la parada "T. Kableshkov", donde se toma el bus 64 hacia la iglesia de Boyana.

| MUSEO NACIONAL DE HISTORIA ★★

A los pies de los montes Vitosha, a 7 km del centro, es uno de los mayores de su clase en los Balcanes. Aun así, hay quien disfruta más del edificio en sí que de la colección, y es que se ubica en la antigua sede del Consejo de Estado de la República Popular, un edificio de la década de 1970 que conserva su decoración. Por fuera sufre, como el NKD, de haber envejecido pronto y mal, pero su interior está mucho más trabajado. Es un curioso híbrido donde la solución funcionalista de espacios y materiales (mármoles y maderas) se mezcla con las filigranas rústicas de la carpintería, que evocan el Renacimiento Nacional. En 1989, en su salón de congresos se forzó la histórica dimisión de Todor Zhivkov a los 78 años y tras 35 en el poder; su sucesor convocó las primeras elecciones libres.

La planta baja cuenta con dos grandes salas dedicadas a las culturas clásicas y otro par a la historia e iconografía medieval. Destacan algunas de las primeras inscripciones en alfabeto glagolítico, el que Cirilo y Metodio, de madre búlgara, crearon para traducir la Biblia a los pueblos eslavos allá por el siglo IX. También hay fotografías de los monumentos icónicos del país.

La planta superior presenta una exposición mucho mayor en tamaño a pesar de que se centra en la historia entre 1878 y 1946. Tiene mucho más de museo etnográfico que el Museo Etnográfico del centro, con centenares de objetos militares, folclóricos, periodísticos, etc., dispuestos de forma caótica y sin pedagogía, pero dispuestos al fin y al cabo.

El recinto de alrededor sigue perteneciendo a la Administración y tiene el acceso restringido, así que para caminar a la iglesia de Boyana lo mejor es rodearlo por el lado occidental.

| IGLESIA DE BOYANA (▶25) ★★★

| MUSEO DE ARTE SOCIALISTA ★

Cinco kilómetros al sureste del centro, entre edificios de la Administración, es una especie de vertedero de esculturas urbanas de la época comunista que las ha ido adoptando desde la llegada de la democracia.

El jardín, al que se puede acceder gratuitamente incluso los lunes, tiene más de setenta esculturas traídas de distintos lugares (la cifra va en aumento), destacando en un pedestal la gran estrella roja que coronaba la sede del Partido Comunista. Por el momento la del jardín es la única exposición permanente, ya que el edificio se dedica a muestras temporales sobre distintas facetas de este movimiento artístico, por lo general bastante recomendables.

▲ Detalles del museo Nacional de Historia.

Museo Nacional de Historia
- 🕐 42, f.p.
- ✉ Rezidentsia Boyana.
- 🚌 Consultar opciones en www.sofiatraffic.bg/en/
- 🕐 Verano, 9.30-19 h; invierno, 9-18 h.
- 🎫 12 lv.
- 🌐 www.historymuseum.org

- 🕐 42, f.p.
- ✉ Lazar Stanchev 7.
- 🚌 GM Dimitrov.
- 🕐 Ma-do, 10-18 h.
- 🎫 6 lv.
- 🌐 www.nationalgallery.bg

Plovdiv

La ciudad más habitable de Bulgaria pudo convertirse en su capital, pero ha tenido que conformarse con serlo culturalmente. Tiene un casco viejo encantador y una gente hospitalaria de ritmos pausados que sonríe la llegada de extranjeros, como añorando el pasado mestizo de la ciudad, del que tanto presumen. Y es que el nuevo orden mundial tras las guerras del siglo xx se llevó a turcos, griegos, judíos… cuya huella aún perdura en un patrimonio urbano de lo más variopinto.

CASCO VIEJO

Este promontorio sobre el Maritsa atrajo a tribus tracias ya desde el ii milenio a.C., aunque su primera urbanización se atribuye a Filipo II de Macedonia, que le daría su nombre definitivo de *Filipópolis*. Su término se limita a las colinas, pero este capítulo arranca en la parte baja, junto a la mezquita, donde se encuentra su entrada natural.

▌ ESTADIO ROMANO ★★★

El único en su clase encontrado en Bulgaria permanece semi oculto bajo el centro de Plovdiv. Lo que planos y señales indican como "estadio" corresponde en realidad a su extremo norte, el opuesto al acceso principal, donde darían la vuelta las cuadrigas. En superficie se puede intuir orientándose al sur, donde la arena sería el paseo Knyaz Alexander I y el graderío la cimentación de sus construcciones. Este aún es parcialmente visible en los sótanos de edificios como el H&M (nº 11) o en el centro comercial **Excelsior** (nº 24). El acceso principal se ubicaba en la actual **cascada "Kamenica"**, donde se ha marcado con adoquines la situación de los dos pilares centrales del gran pórtico, que contaba con cinco arcos y doble altura.

En total medía 240 m de largo y 50 m de ancho, y tenía capacidad para 30.000 espectadores. Se sabe que fue una arena muy importante gracias a las monedas acuñadas en honor de dos grandes juegos (tipo Olimpiada) celebrados en él. Su existencia comenzó a intuirse en los años 20 del siglo pasado, y en los 70 se comenzó a excavar seriamente esta parte que, tras una rehabilitación de 2013, se ha integrado plenamente en el centro.

A propósito de la excavación y de la ciudad de *Filipópolis* se proyecta un vídeo 3D sencillo que, en

▌ Orientación

El **casco viejo** se sitúa sobre unas colinas al este de la avenida Tsar Boris III, al amparo de la fortaleza de Nebet Tepe, donde se concentra el grueso de monumentos y museos en un ambiente tranquilo. Más bullicioso y genuino es el que hay al oeste de las colinas, alrededor del bohemio barrio de Kapana y a lo largo de la peatonal Knyaz Alexander I.
Al sur aparece **el centro** moderno alrededor del foro romano, mientras que al norte corren las aguas del río Maritsa.
La mezquita Dzhumaya es la piedra angular de la ciudad, alrededor de la cual pivotan las distintas zonas de interés y junto a la que se encuentra una oficina de información. La ruta que más patrimonio concentra se hace, desde el foro, por Knyaz Alexander I y girando a la derecha en la mezquita por Sarbona hasta Nebet Tepe.

• • • • • • • •

🚌 61, B1
🚏 Hristo G. Danov.
🕐 Pases: 10, 10.40, 11.20, 12, 13.40, 14.20, 15, 15.40, 16.20 y 17 h.
🎫 7 lv.
🌐 www.antichen-stadion-plovdiv.bg

◀ Viejos baños turcos e iglesia de Cirilo y Metodio.

unos quince minutos, se centra en los juegos, con apenas alguna mención a la arquitectura. Merece la pena echar un vistazo a los planos de la ciudad antigua, superpuestos con los de la moderna, en la página web de la institución.

I MEZQUITA DZHUMAYA ★★

61, B1
Zhelezarska.
8-18 h.

Su primera versión data de 1369, apenas cinco años después de la conquista otomana de Plovdiv, sobre la que entonces era la catedral cristiana de Santa Petka. Pero su factura actual, un siglo posterior, responde a rasgos típicamente búlgaros, con capas de piedra intercaladas con otras de doble ladrillo e influencias bizantinas.

La fachada de acceso, por el norte, presenta un curioso soportal de madera; antaño era una entrada secundaria que se asomaba al gran bazar formaba parte de él. Hoy, en lugar de los viejos comercios hay un café. Su interior imponente consta de una gran sala de oración bajo nueve cúpulas cubiertas con planchas de plomo. El templo sigue en uso, así que se cierra a visitantes durante el rezo de los viernes a mediodía (*Dzumaya* significa "viernes").

▼ Mezquita Dzhumaya.

I TRIMONTIUM (▶26) ★★★

I GALERÍA PHILIPPOPOLIS ★★

61, B2
Saborna 29.
10-18 h.
5 lv.
www.philippopolis.com

Hadji Aleko, líder del gremio de artesanos que promocionó nuevos códigos y leyes, mandó construir este palacete en 1865 en estilo clasicista. Conserva interiores de fábula además de la pinacoteca privada más importante del país. En la primera planta ex-

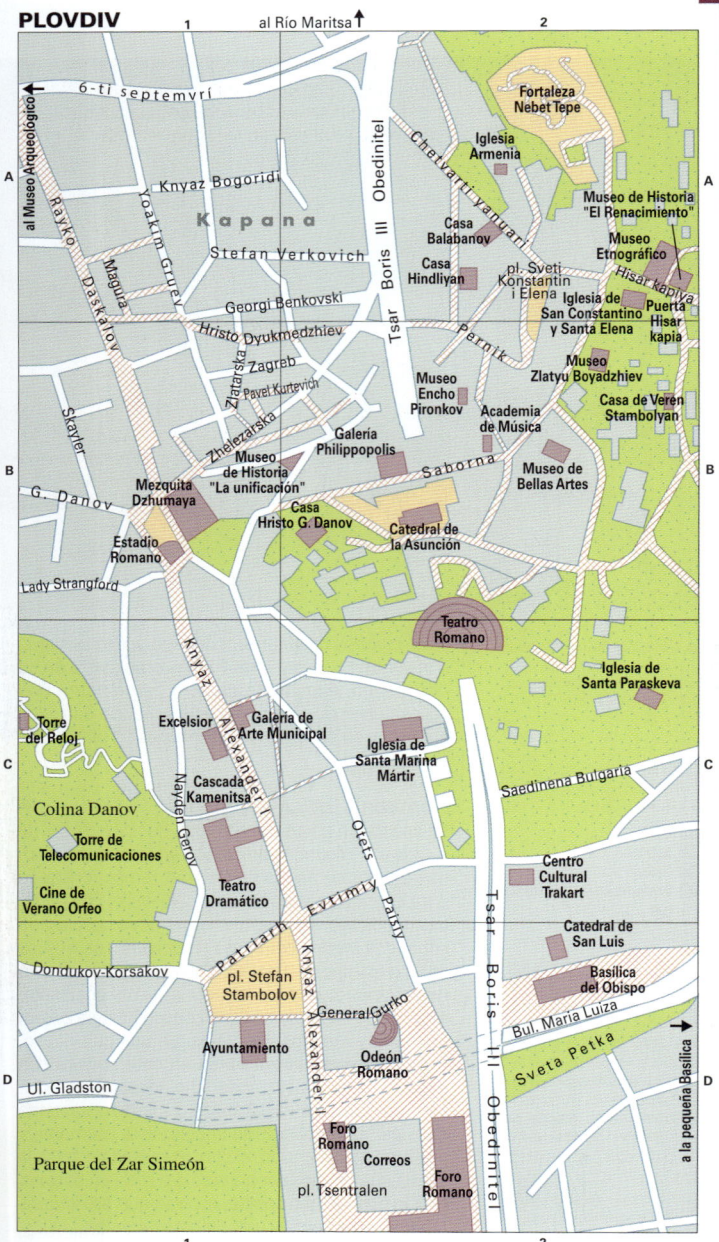

PLOVDIV

al Río Maritsa↑

6-ti septemvrí

al Museo Arqueológico

Knyaz Bogoridi

K a p a n a

Stefan Verkovich

Rayko Daskalov

Joakim Gruev

Magura

Georgi Benkovski

Hristo Dyukmedzhiev

Zlatarska

Zagreb

Pavel Kurtevich

Zhelezarska

Slayer

Museo de Historia "La unificación"

Galería Philippopolis

G. Danov

Mezquita Dzhumaya

Estadio Romano

Lady Strangford

Casa Hristo G. Danov

Knyaz Alexander I

Nayden Gerov

Torre del Reloj

Excelsior

Galería de Arte Municipal

Cascada Kamenitsa

Colina Danov

Torre de Telecomunicaciones

Cine de Verano Orfeo

Teatro Dramático

Dondukov-Korsakov

Ul. Gladston

Parque del Zar Simeón

Patriarh Evtimiy

pl. Stefan Stambolov

Ayuntamiento

Foro Romano

pl. Tsentralen

Correos

Foro Romano

General Gurko

Odeón Romano

Knyaz Alexander I

Obedinitel

Tsar Boris III

Obedinitel

Chetvartiyanuari

Fortaleza Nebet Tepe

Iglesia Armenia

Casa Balabanov

Casa Hindliyan

pl. Sveti Konstantin i Elena

Pernik

Museo de Historia "El Renacimiento"

Museo Etnográfico

Hisár kapiya

Iglesia de San Constantino y Santa Elena

Puerta Hisar kapia

Museo Encho Pironkov

Academia de Música

Saborna

Museo Zlatyu Boyadzhiev

Casa de Veren Stambolyan

Museo de Bellas Artes

Catedral de la Asunción

Teatro Romano

Iglesia de Santa Paraskeva

Iglesia de Santa Marina Mártir

Otets Paisiy

Saedinena Bulgaria

Centro Cultural Trakart

Tsar Boris III

Catedral de San Luis

Basílica del Obispo

Bul. María Luiza

Sveta Petka

Obedinitel

a la pequeña Basílica

▲ Catedral de la Asunción.

pone cuadros de autores contemporáneos búlgaros a la venta. En la segunda, la más preciosista en su decoración, expone de manera permanente una valiosa colección de pintura nacional de entre los años 30 y 70 del siglo XX. Además es un pintoresco restaurante.

● ● ● ● ● ● ● ● ●

🕐 61, B2
✉ Saborna 2.
🕐 8-18 h.
🌐 www.plovdivskamitropolia.
bg/

Hacia oriente

En el siglo I, la Via Militaris conectó las actuales Belgrado y Estambul a través de las entonces *Serdica* y *Filipópolis*. La ruta ha determinado hasta hoy las conexiones terrestres Asia-Europa por el Bósforo. Las cuatro ciudades fueron también parada del mítico *Orient Express*.

❙ CATEDRAL DE LA ASUNCIÓN ✱

Se construyó en 1845 sobre una de las terrazas de subida a Trimontium, en pleno Renacimiento Nacional, ante la demanda de un gran templo cristiano para la ciudad. Evoca formas medievales con un tejado a dos aguas y una imponente bóveda de cañón sobre dos filas de columnas clasicistas. Los frescos son de los años 50 del siglo XX, a caballo entre lo neobizantino, el *art nouveau* y lo real socialista, mezclando escenas bíblicas con simbología paleocristiana y motivos vegetales. En cualquier caso, todo combina bastante bien en este *collage* con excepción quizá del campanario adosado en 1881. Se cree que se levantó sobre un templo cristiano del siglo X demolido tras la conquista otomana, y presume de haber sido, el día de Navidad de 1859, la iglesia que celebró por primera vez misa en búlgaro, tras lo cual el metropolita anunció que su diócesis renegaba del Patriarca de Constantinopla.

I TEATRO ROMANO ★★

Asomado a la entrada sur del túnel que atraviesa el casco viejo, conforma la estampa más chocante de Plovdiv a costa de comprometer ligeramente su acústica. Data de finales del siglo I, y hasta el IV sirvió como teatro, circo de bestias y gladiadores, y hasta de asamblea tracia, con capacidad para 6.000 espectadores.

En los años 80 del siglo XX apenas era un puñado de ruinas semienterrado del que solo quedaba en pie las primeras filas del graderío. Entonces se reconstruyó parcialmente la escena y se duplicó el graderío. El tique de acceso permite acercarse a lo que ya se ve desde la calle, sin más. Una vez se ha puesto el sol, iluminan la escena y luce especialmente bonito. En verano hay espectáculos casi a diario y es la mejor forma de disfrutarlo.

I MUSEO ZLATYU BOYADZHIEV ★★

La casa del doctor Stoyan Chomakov, noble comprometido con la Iglesia búlgara independiente, es un palacete de 1860 que honra la arquitectura tardía del Renacimiento Nacional; llegó a ser residencia de verano del rey Fernando I tras la Liberación. Desde 1984 alberga la mayor exposición de Zlatyu Boyadzhiev, al que muchos consideran el mejor pintor búlgaro del siglo XX, junto con algunas muestras de otros autores.

▲ Teatro Romano.

- 61, B-C2
- Tsar Ivaylo.
- 9-18 h; invierno a 17.30 h.
- 5 lv.

- 61, B2
- Saborna 18.
- Abr-oct, 9-18 h; nov-mar, 9-17.30 h.
- 5 lv.

▲ La puerta de Hisar Kapia es un vestigio de la muralla que rodeaba Trimontium.

· · · · · · · · · ·

Puerta de Hisar Kapia
Iglesia de San Constantino
y Santa Elena
🕓 61, A2
🕐 Verano, 8-20 h;
    invierno, 8-17.30 h.

· · · · · · · · · ·

Museo Etnográfico
🕓 61, A2
✉ Doctor Stoyan Chomakov 2.
🕐 Abr-oct, ma-do, 9-18 h;
    nov-mar, 9-17 h.
🎫 8 lv, guía en inglés 30 lv.
🖥 www.ethnograph.info

▲ Museo Etnográfico.

Su obra habla por sí misma, pero es interesante saber que, a partir de 1951, una parálisis le obligó a reaprender a pintar con la mano izquierda. Hubo de cambiar formas y estilos, pero ganó expresividad y vitalidad, conservando las esencias de una obra de gran humanidad y afección a la tierra. Especial mención merece el díptico con los retratos de él y su esposa, y las *Dos bodas*, cristiana y musulmana, celebradas simultáneamente en algún pueblo de Bulgaria.

❙ IGLESIA DE SAN CONSTANTINO   Y SANTA ELENA   ✶✶

Encaramada a la vieja defensa del siglo II, es el centro de vida cristiana más antiguo en Plovdiv, donde a principios del siglo IV se produjeron matanzas de mártires locales. Fue reconstruida en diversas ocasiones hasta que, en 1832, adoptó su forma actual y se convirtió en pionera de los muchos templos cristianos que aparecerían en los veinte años siguientes.

Merece la pena reparar en el iconostasio neobarroco de 1836 cubierto de pan de oro, con iconos medievales en la fila central y de Zograf (s. XIX) en la inferior. Los frescos, de 1866, añaden motivos vegetales y geometrías alrededor de las escenas bíblicas.

Modesta, desde fuera pasaría por una casa más de no ser por el campanario exento, que no existía hasta la década de 1960: unas excavaciones descubrieron una base octogonal que probablemente pertenecía a la defensa de la **puerta de Hisar Kapia** y se reconstruyó una versión libre.

❙ MUSEO ETNOGRÁFICO   ✶✶

La fachada más buscada de la ciudad, de un curioso azul oscuro casi gris, se oculta en un jardín amurallado que le infiere aún más encanto. Se trata del palacio del rico mercader Arghir Kuyumdzhioglu, de 1847, considerado obra cumbre del neobarroco búlgaro. Desde 1943 un museo de historia del cambio del siglo XIX al XX, donde el protagonista es casi más el continente que el contenido: los tallados de la madera y sus pinturas son fantásticos. En cualquier caso hay una buena colección de mobiliario, textiles, artesanía, instrumentos, fotografías y cuadros entre los que cabe destacar, en la primera planta, *El bazar de Plovdiv* de Ivan Markvichka (1885), con representación de todas las religiones de la ciudad y una valiosa muestra de trajes regionales.

La segunda planta, aún más fastuosa, tiene una exposición más moderna centrada en la occidentalización de la Europa otomana a finales del siglo XIX.

I MUSEO DE HISTORIA "EL RENACIMIENTO" ✱

La vecina casa de Geogiadi Kendindenoglou (1848), de un rojo intenso, es otra de las mejores obras del Renacimiento Nacional, aunque sus interiores no son tan fastuosos. Alberga una exposición con más contenido histórico, abarcando del siglo XV al XIX y ahondando en la faceta multicultural de Plovdiv, así como en la historia de la Liberación. Hay bastante contenido sin traducir al inglés, pero por lo general es accesible. Destaca una colección de citas de viajeros que pasaron por la ciudad en la que se encuentran referencias a oriundos judíos "hispanohablantes" (ladino). También una maqueta del Kurshum Han, un icónico y extinto bazar otomano (el del cuadro de Markvichka en el Etnográfico) que fue demolido tras el terremoto de 1928. Las plantas superiores se dedican al Renacimiento Nacional, dando a conocer a héroes nacionales y líderes de la Iglesia.

🕐 61, A2
✉ Tsanko Lavrenov 1.
🕐 Mi-do, 9.30-18 h; ma, 12.30-18 h; nov-mar, a 17 h.
💶 4 lv.
🌐 www.historymuseum plovdiv.org

▼ Vista desde las ruinas de la fortaleza de Nebet Tepe.

I FORTALEZA DE NEBET TEPE ✱✱✱

Trimontium culmina en esta colina ("la del guarda") de vistas privilegiadas que se asoma al río Maritsa. De su fortaleza solo queda un amasijo de ruinas por el que se puede pasear libremente.

Algunos historiadores estiman que, como asentamiento tracio, ya estaba amurallado a finales del II milenio a.C. Otros lo creen incluso anterior, pero lo más común es datar la fortificación de Trimontium al completo entre el siglo IV a.C., tras la incorporación de la ciudad al Imperio Macedonio, y la conquista otomana.

Su aspecto semi abandonado (precaución con los desniveles y socavones) ofrece atardeceres románticos e invita a pensar que, quizá dentro de poco, se excave en profundidad para resolver las dudas que genera y para conservar e interpretar piezas como el túnel romano o el depósito de agua.

🕐 61, A2

Siete colinas

Los romanos solo repararon en tres, pero a los locales les gustaba presumir de la coincidencia en número de colinas con la capital italiana. A finales del XIX la roca de la colina Markovo se utilizó para pavimentar la ciudad quedando solo seis. Las vistas desde Nebet Tepe son impresionantes, aunque muchos prefieren las de la colina Bunardzhika o de los Libertadores, con un monumento al ejército soviético.

◷ 61, A2

Iglesia Armenia
Casa de Balabanov
✉ Konstantin Stoilov 57.
◷ 9-18 h; invierno a 17.30 h.
🎟 5 lv.

Casa Hindliyan
✉ Artin Gidikov 4.
◷ 9-18 h; invierno a 17.30 h.
🎟 5 lv.

▲ Casa de Hindliyan.

◷ 61, B2
✉ Kiril Nektariev.
◷ 9-18 h, invierno a 17.30 h.
🎟 5 lv.

"… siguieron conversando entre sí y cantando sus canciones en la lengua de Cervantes. Como si nada hubiera ocurrido, como si jamás hubiera existido ningún Fernando, ninguna Isabel y ningún Torquemada, como si esto no fuera Plovdiv sino Toledo o Sevilla."

Lejos de Toledo,
Ángel Wagenstein

◷ 61, C2
✉ Patriarh Evtimiy.
◷ 8-18 h.

❙ CASAS DE BALABANOV Y HINDLIYAN ✶✶

Bajo la **Iglesia Armenia,** en la misma manzana y unidas por un patio interior con encanto, dos palacetes del Renacimiento Nacional se conservan más o menos como cuando los habitaban sus promotores.

Comenzando por la parte superior, la **casa Balabanov** (marrón rojizo) es, a medias, sala de exposiciones temporales en la planta inferior y, en la superior, muestra de salones nobles con mobiliario de época, tallados y pinturas preciosistas. Es una de las más antiguas en su clase, de principios del XIX.

En la parte baja, la **casa de Hindliyan** da la bienvenida con una fachada azul rabioso. Destaca sobre el resto por unos interiores heterodoxos, con salas ambientadas en Alejandría, Constantinopla o Venecia, que revelan las ambiciones de mundo del comerciante armenio que lo hizo construir en 1840. Conserva mobiliario, un baño árabe con tragaluz y una fuente de mármol con una estrella de David, además de pinturas que evocan lugares exóticos.

❙ CASA DE VEREN STAMBOLYAN ✶

Pretexto para pasear la calle Kiril Nektariev, este palacete de la segunda mitad del siglo XIX dedica sus salones al pintor Dimitar Kirov, figura interesante que protagoniza una suerte de historia de redención. Con la llegada del comunismo, la casa se convirtió en sede de la Sociedad de Artistas, de la que Kirov fue presidente. Alineado con el régimen, obtuvo numerosos encargos que aún hoy pueden verse por la ciudad en forma de murales, pero tras la caída del Muro sufrió una crisis creativa y de encargos. Reinventado, volvió a aparecer con una obra transformada donde, de repente, aparecen escenas religiosas. La exposición presenta a Kirov, quizá sin quererlo, como símbolo de un cambio sin grandes fisuras.

❙ IGLESIA DE SANTA PARASKEVA (LA VIEJA) ✶

Haciendo equilibrio entre los cortados de roca de la cara sur de Trimontium, es un templo curioso donde el campanario exento aparece a escasos metros, y sin embargo su base está por encima del tejado del templo. A su lado se ven incluso vías de escalada. Tan accidentada ubicación no es casual: su origen se relaciona con la antigua catedral de Santa Petka, erigida en el siglo XIII donde hoy se encuentra la mezquita Dzhumaya, y que tras la conquista turca hubo de buscarse otra ubicación. El templo actual es de 1836, con un iconostasio modesto y una panorámica del Plovdiv de hace más de un siglo.

EL CENTRO

Desde el estadio hacia el sur se extendía la **ciudad romana**, amurallada en el siglo ii. Entonces, la hoy Knyaz Alexander I unía el estadio con el foro a través de la mayor avenida de *Filipópolis*, donde se encontraban las termas y el odeón. Al este del foro se han recuperado algunas obras de arte paleocristiano de gran valor, mientras que al oeste se abren zonas verdes y de ocio. Al norte de Kapana se alcanza la orilla del río Maritsa; no ha quedado mucho patrimonio, pero a propósito de una visita al **Museo Arqueológico** (▶70) puede merecer la pena acercarse a la vieja **mezquita Imaret** o a los antiguos **baños turcos Chifte**.

▌BARRIO DE KAPANA ✱✱✱

Al noreste de la mezquita aparece un entramado caótico cuyo significado no sorprende: "la trampa". Tras el extinto bazar Kurshum Khan (hoy, centro comercial Hali) se abría una ratonera de tabernas y puestos de artesanos como atestiguan algunos nombres de sus calles: **Zhelezarska**, "de los herreros"; **Kozhuharska**, "de los curtidores"… Hoy se hace llamar "distrito creativo" y es el barrio que marca tendencia a raíz de negocios e iniciativas jóvenes surgidos en él. Lo que más se disfruta son las terracitas de sus pequeñas calles peatonales y los fantásticos murales que hay por todas partes, especialmente entre las calles Zagreb y Pavel Kurtkevich.

▌COLINA DANOV ✱

Bajando hacia el sur por Knyaz Alexander I, a la derecha se levanta la colina de la **torre de telecomunicaciones** y la **torre del Reloj**, enclavada ahí desde tiempos otomanos. Tras el **Teatro Dramático**, junto al inicio del sendero de subida, se puede ver una serie de **pinturas** sobre la roca donde están representados distintos personajes históricos y del imaginario popular.

Calma en Kapana

Aylyak es una palabra de uso local con la que se puede, desde pedir calma, hasta definir una forma de vida relajada que sabe disfrutar de cada momento. A menudo se traduce como "mañana" en su acepción internacional ("luego"), pero su significado es más extenso. Sentarse en una terraza de Kapana es la mejor manera de empezar a practicar esta filosofía local.

🕐 61, C1

◀ El barrio de Kapana está decorado con vistosas pinturas murales.

▼ Antigua Torre del reloj en la colina Danov.

· · · · · · · · ·
🕐 61, C2
✉ Doctor Georgi Valkovich 7.
🕐 7-19 h.

IGLESIA DE SANTA MARINA MÁRTIR ✱

A los pies del teatro romano, es uno de los grandes templos ortodoxos de Plovdiv. Su ubicación también se relaciona con los primeros cristianos, que erigieron aquí un templo en el siglo v, si bien el actual data de 1856. Presenta tres naves con cubierta a dos aguas. Es muy vistosa desde el exterior, ya se entre por el sur (Georgi Valkovich) directamente a los abigarrados soportales, o por el norte (Stanislav Dospevski), bajo el **campanario** de madera de 1870, que presume de la mayor colección de campanas de la ciudad. En el interior tiene un iconostasio barroco interesante, como lo es la decoración de la doble fila de columnas clasicistas.

· · · · · · · · ·
🕐 61, C2
✉ Tsar Boris III Obedinitel 89.
🕐 10-18 h.
📚 8 lv.
🌐 www.trakart.org

TRAKART ✱✱

La construcción del paso de peatones subterráneo de Patriarh Evtimiy, que cruza la avenida Tsar Boris III, desenterró restos de la vieja ciudad romana: en concreto, la que debió de ser una de sus residencias más nobles, a juzgar por su tamaño y también por la decoración de su peristilo, con unos fantásticos mosaicos de entre los siglos ii y iii alrededor de una fuente. Sobre ellos se sitúa este centro cultural muy activo que, además de los mosaicos, muestra una preciosa exposición de piezas diminutas de cristal y esmalte de entre los siglos v a.C. y v d.C.

▼ Trakart, restos de la vieja ciudad romana.

· · · · · · · · ·
🕐 61, D2
✉ Knyaginya Maria Luiza 3.
🕐 8-10 h y 16-18.30 h.

CATEDRAL DE SAN LUIS ✱

Los católicos tienen una presencia destacada en Plovdiv a través de una **catedral,** que toma su nombre del rey francés Luis ix. Se construyó en 1861 con inspiración en los templos neobarrocos occidentales, aunque con tallas y frescos de influencia oriental. Destaca su órgano con 2.000 tubos de plata, *La última cena* de la semi cúpula del ábside y el fastuoso enterramiento de la reina María Luisa de Borbón-Parma, consorte de Fernando I.

BASÍLICA DEL OBISPO ★★

Esta nave de corte industrial protege los vestigios de uno de los primeros templos cristianos construidos en el Imperio Romano tras la legalización de este credo, aunque tan solo estuvo en servicio entre los siglos IV y VI. Se trata de la mayor iglesia paleocristiana de Bulgaria, con una superficie de 90 por 36 metros, de la cual hoy solo se conserva el solado original, lo que no impide que sea uno de los monumentos más fascinantes de Plovdiv: alberga una valiosísima colección de mosaicos donde destaca su universo de representaciones de aves.

PEQUEÑA BASÍLICA ★★

Un poco más allá de la Basílica del Obispo, alejándose del centro, aparece otra nave de corte industrial, aunque esta imitando la morfología de un pequeño templo. Su historia es muy similar a la de la Basílica del Obispo, aunque esta se erigió un siglo más tarde y con unas dimensiones menores, de 20 por 13 m, y en el límite oriental de la ciudad amurallada. No por ser la hermana pequeña resulta menos interesante, más bien al revés, ya que, además de unos valiosos mosaicos, en ella podemos ver un par de mini documentales (con audio en español si se solicita) que arrojan una interesante mirada al desarrollo de la región y de la ciudad, así como de sus hitos turísticos, lo que puede servir para diseñar nuestros futuros pasos por Plovdiv. La gran joya es un baptisterio con forma de cruz con un ciervo como símbolo del alma que busca la fe y la esperanza, y palomas representando el Espíritu Santo.

▲ Foro antiguo y Odeon.

- 61, D2
- Knyaginya Maria Luiza 2.
- 9-18 h.
- 12 lv, combinado con la Pequeña Basílica 15 lv.
- www.plovdivmosaics.org

▼ Detalle de un mosaico de la pequeña Basílica.

- 61, f.p (D2)
- Knyaginya Maria Luiza 31.
- 9-18 h.
- 5 lv.
- www.romanplovdiv.org

🕐 61, D2

Ritos

El viejo Plovdiv multiétnico revive tibiamente los fines de semana, cuando se celebran ritos de todo tipo y los templos lucen como nunca. Los musulmanes arrancan el viernes a mediodía y le siguen los judíos a las 18.30 h (la única oportunidad de ver abierta la sinagoga sefardita de finales del XIX, que sobrevive acosada por el urbanismo en la calle Eliezer Kalev 6). El domingo a las 8 h hay misa en la catedral ortodoxa de la Asunción, a las 10.30 h en la iglesia armenia, a las 11 h en la evangélica (templo neogótico al norte de Danov) y a las 18 h en la catedral católica de San Luis.

🕐 61, f.p. (A1)
✉ Pl. Saedinenie 1.
🕐 Ma-do, 10-18 h.
🎫 5 lv, guiada 30 lv.
🌐 www.archaeological
museumplovdiv.org

▎ ALREDEDOR DEL FORO ✱

Bajando por la peatonal **Knyaz Alexander I** se deja, a la derecha, la plaza Stambolov, donde se ubica el modesto edificio del **Ayuntamiento**, y un poco más adelante, a la izquierda, el **Odeón**, utilizado entre los siglos I y IV, primero como sala de gobierno y después como teatro.

Knyaz Alexander I muere en la **Plaza Central**, un gran espacio peatonal donde estorba el edificio de correos. Frente a su fachada norte se encuentra la tercera oficina de información, mientras que la oriental y meridional colindan con los restos del gran **foro romano.** Del siglo II, medía unos 140 m por lado. Desde aquí, hacia el oeste, se abre el **parque del Zar Simeón**, de 1892. En su extremo sur se encuentra la **"fuente cantante"**, que los jueves, viernes y sábados a las 21 h se ilumina y, media hora después, comienza un espectáculo de luz, música y agua. Es el final perfecto para un día de visita, pero también el preludio ideal para una noche de fiesta: tras el bar panorámico del oeste del estanque se concentra buena parte de la vida nocturna local.

▎ MUSEO ARQUEOLÓGICO ✱✱✱

Al norte de Kapana, quizá sea el mejor de Bulgaria para acercarse a la historia de la Antigüedad, al menos en lo que se refiere a la ubicación, desarrollo y organización de las tribus de Tracia.

Cuenta con un fondo de más de 150.000 piezas, algunas del VII milenio a.C. La mitad pertenecen a una colección numismática, aunque las joyas más interesantes son las funerarias. Aquí se expone el Tesoro de Panagyurishte: nueve recipientes con formas animales, mitológicas y de mujer, datados entre los siglos IV y III a.C., que en total suman más de 6 kg de oro. Las salas cuarta y sexta, griega y romana, son las más valiosas y vistosas en conjunto. La última muestra un interesante enterramiento paleocristiano del siglo IV encontrado en la cercana calle Dimitrov en 2012 que conserva las figuras típicas de esas primeras expresiones, como pavos reales y cristogramas, además de escenas de los milagros de Cristo. De tamaño reducido, se visita relativamente rápido.

▎ MUSEO DE HISTORIA "LA UNIFICACIÓN" ✱

Al edificio que iba a ser parlamento de Bulgaria el destino le llevó por otros derroteros. Su salón de plenos, con una gran claraboya que ilumina motivos vegetales, tiene buena acústica y celebra conciertos, pero a diario sirve para la exposición "La Unificación de Bulgaria", centrada en torno a 1878.

🕐 61, B2
✉ Pl. Saedinenie 1.
🕐 Lu-do, 9.30-18 h;
invierno a 17 h.
🎫 4 lv.
🌐 www.historymuseum
plovdiv.org

HACIA LOS RÓDOPES

La carretera 86 se adentra en los Ródopes en paralelo al río Chepelare, pasando entre acantilados que parece vayan a derrumbarse sobre los coches. Es una de las carreteras de montaña mejor acondicionadas del país, con buen asfalto y cantidad de túneles. Más allá del **monasterio de Bachkovo,** continúa unos 70 km hasta la tercera **estación de esquí** del país: **Pamporovo.** Entre medias se pueden visitar las fabulosas **cuevas Chudnite Mostove** o la bucólica reserva arquitectónica de **Shiroka Laka.**

▮ RUTA VITIVINÍCOLA ✳

La franja de llanura que aparece al sur de Plovdiv, antes de los Ródopes, es un terreno fértil lleno de frutales, girasoles y muchos viñedos. Destacan tres bodegas abiertas a visitantes a tiro de piedra. Rumbo este por la 375 (camino a Sofía), a 35 km se puede visitar **Bessa Valley,** una bodega de calidad, pequeña y moderna pero bien integrada en el viñedo que requiere reserva de al menos cinco personas.

Una opción un poco más accesible y lúdica es tomar la 802 hacia el suroeste. A 20 km está la **bodega Todoroff,** un hotel-spa que no ofrece una experiencia vistosa pero sí una ocasión para probar buenos mavrud (en su categoría Gallery o Boutique), además de conocer la producción de esta pequeña bodega. Unos 10 km más adelante hay otra opción más pintoresca en **Villa Ustina,** que pone más énfasis en la visita a los viñedos, aunque también ofrece cata de vinos. Entre medias se puede hacer una parada en la **iglesia Roja,** un templo del siglo v con más valor sentimental que arqueológico, donde se enterraron a los primeros mártires cristianos.

▮ FORTALEZA ASEN ✳

Toma su nombre de la dinastía que gobernó, durante el siglo XIII, el Segundo Imperio Búlgaro. Sus reyes reforzaron la defensa que ya existía desde tiempos tracios y erigieron la **iglesia de la Virgen de Petrich,** que a falta de metros planos, cuenta con dos estrechas alturas construidas sobre un peñasco: una de las estampas más llamativas de los Ródopes. Con semejante paisaje, el interior decepciona un poco, tan solo con algún fragmento de pinturas murales del XIV.

Nada más pasar la localidad de Asenovgrad, a la derecha sale una carretera que sube un par de kilómetros hasta un pequeño aparcamiento junto al **centro de interpretación:** ante la falta de espacio, es buena idea subir caminando los días concurridos.

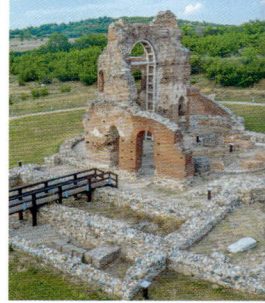

▲ Estación de esquí de Pamporovo, uno de los destinos favoritos de los búlgaros para las vacaciones de Navidad (arriba). Ruinas de la iglesia roja (abajo).

• • • • • • • • •

✉ Asenova krepost.
🕐 verano 9-20 h con fines de semana hasta las 22 h; invierno a 18 h.
🖲 5 lv.

●●●●●●●●●

🕐 7-20 h; invierno a 19 h.
🏛 Museo 4 lv. Osario 6 lv.
Refectorio 6 lv.
🌐 www.bachkovski
manastir.com

❘ MONASTERIO DE BACHKOVO ★★★

El segundo mayor monasterio del país también tiene una ubicación de cuento, en la garganta del río Chepelare, y un universo de frescos aún más antiguo que el de Rila. Su historia se remonta a 1083, aunque de aquella época solo queda el **osario** (a 400 m del monasterio, con frescos de entre los siglos XI y XIV), pues el resto fue arrasado por los turcos en el siglo XV y reconstruido en 1604. Se cree que el venerado Eutimio de Tarnovo, último patriarca búlgaro antes de la invasión otomana, se retiró aquí y que sus restos podrían estar bajo la iglesia de los Arcángeles.

El primer templo al entrar es la **iglesia de la Dormición,** cuya nave central fue redecorada con frescos del maestro Mosko en 1850. Su objeto más valioso es un icono milagroso de la Virgen, de origen georgiano, datado en 1310. Tras el asalto turco se había dado por perdido, pero dos siglos después apareció por sorpresa en una cueva donde lo escondió un monje anónimo. O eso cuenta la leyenda. Desde entonces, cada lunes de Pascua, el icono regresa a la cueva y hay una gran celebración. Frente a la fachada sur del templo, junto a la galería que da al segundo patio, se encuentra representada la escena de la romería, una obra del siglo XIX que no hace honores a la gravedad y mesura de los frescos del templo.

Anexo a este templo por el oeste, casi como si fuera parte del mismo, se erige la **iglesia de los Arcángeles Miguel y Gabriel,** anterior a la principal.

▼ Nave principal de la Iglesia de los Arcángeles y de la Dormición.

De hecho, lo que hoy es el nártex de la Dormición, antes de 1604 era el pequeño ábside de los Arcángeles. Conserva los frescos más antiguos del conjunto, de 1643. La actual capilla de los Arcángeles está en la segunda planta, con algunos frescos del XIX; en el momento de escribir esta guía estaba cerrada a visitantes.

Al sur se abre otro patio añadido al monasterio en 1833. Antes de alcanzarlo, en su galería de acceso, a la derecha hay una puerta que da paso al **refectorio** de 1623, donde se puede disfrutar de algunos de los mejores frescos del monasterio, de 1643, con escenas de la *Natividad*, el *Juicio Final* o un curioso árbol genealógico de Cristo. Ya en el patio, la **iglesia de San Nicolás,** de 1834, está decorada con frescos de Zahari Zograf, aunque solo se puede disfrutar de los exteriores, como el *Juicio Final* del soportal, de 1840. Frente a su fachada está la puerta al **museo** del monasterio, un puñado de salas con algunos tesoros en forma de iconos y de ostentosas herramientas para la liturgia.

Íntimo, austero y descuidado, comienza a lavarse la cara y a abrirse a visitantes, pero todavía sus horarios de apertura son erráticos, con lo que es buena idea escribir antes de ir o acercarse con un guía local que asegure que el museo, osario o refectorio estarán abiertos. Los días poco concurridos, el aparcamiento junto a la carretera es gratuito, mientras que si se sube con el coche hasta la puerta del monasterio siempre se paga.

▼ Nártex de la Iglesia de los Arcángeles y de la Dormición.

Orientación

Rila se levanta 50 km al sur de Sofía, y Pirin 50 km más allá, separados por la carretera 19, que permite poder trazar un ocho para recorrer el perímetro de ambos macizos, alcanzando también un área vitivinícola fronteriza con Grecia. Sin coche, desde Sofía o Plovdiv lo más razonable sería limitar la visita a Borovets (vía Samokov) o a Bansko.

. . . .

Telecabina de Borovets
🕐 Jul-ago, mi-do, 8.30-18 h.
🚡 35 lv, ida y vuelta.
🌐 www.borovets-bg.com

Centro de interpretación
✉ Panichishte, Sapareva Banya.
🕐 9-17.30 h.
🌐 www.rilanationalpark.bg

Remonte de los Siete Lagos
🕐 Invierno: 8.30-16 h.
  Verano: lu 12.30-18.30 h; ma-ju, 8.30-18.30 h; vi-do 8.30-19.30 h.
🚡 Invierno: 40 lv por día.
  Verano: 15 lv ida, 25 lv ida y vuelta.

Rila y Pirin

Las cumbres más altas de Bulgaria se levantan al sur de Sofía, destino fundamental de montañeros, pero también para los que quieran descubrir esencias rurales. Ambos macizos ofrecen un paisaje similar de cumbres escarpadas que rozan los tres mil metros, donde centenares de lagos glaciares son su mayor reclamo durante el verano. En invierno se esquía muy bien y barato.

❙ MONASTERIO DE RILA (▶28) ✱✱✱

❙ PARQUE NACIONAL DE RILA ✱✱✱

Tiene una morfología parecida al Parque Nacional de Pirin, aunque le gana en extensión y altitud máxima: los 2.925 m del **Musala** son el techo de Bulgaria, superando por 11 m al Vihren. Es una de las grandes áreas protegidas de Europa (su superficie es similar a la del Parque Nacional de Sierra Nevada), con más de cien picos por encima de 2.000 m y otros tantos lagos glaciales. Presenta cuatro reservas estrictas (un quinto de su superficie) en las que la acción del hombre está prohibida, aunque sí cuentan con refugios. Se trata de Rila Central, Skakavitsa (noroeste), Ibar (noreste) y Parangalitsa (sur), cuyos bosques parecen salidos de cuentos de hadas y cuyas inmensas coníferas a veces pierden pie a medida que el terreno, escarpado, se derrumba bajo ellas.

A la mayor, **Rila Central**, se accede desde Borovets (1.300 m) y Beli Iskar, a las que da paso la pequeña capital de Samokov. En **Borovets** se encuentra la segunda **estación invernal** del país, con 58 km esquiables. En verano también funciona su **teleférico principal** (Gondola Yastrebetz), que asciende con tedio hasta los 2.350 m, a tiro de piedra de varios lagos glaciales y a 8 km de la cima del Musala. Un modo más sencillo de conocer el parque es adentrarse en el **valle del río Iskar** y hacer una ruta llana por sus pasarelas.

Otra opción muy interesante es, en el extremo noroccidental del parque, el **remonte de los Siete Lagos**, un telesilla doble que asciende hasta un gran circo glaciar (2.100 m) por el cual se puede trazar una ruta sencilla pero espectacular, de poco más de 10 km y 500 m de desnivel positivo, que se ha convertido en la más famosa de fronteras hacia fuera. La zona no excluye a los que busquen más dificultad o rutas menos concurridas, al revés. La **reserva de Skakavitsa**, la menor de las cuatro,

aparece a los pies del remonte y ofrece varias rutas interesantes en sus dominios, además de servir de camino para alcanzar los Siete Lagos sin necesidad de remonte. Para llegar a esta zona hay que conducir hasta **Sapareva Banya** (750 m) y subir un puerto de 18 km de longitud hasta los 1.580 m, donde hay un parking de pago junto al remonte. A mitad de camino, **Panichishte** es una pequeña "localidad" donde hay un **centro de interpretación** del parque y algunos hoteles.

I PARQUE NACIONAL DE PIRIN (▶30) ★★★

I BANSKO ★★

Hubo un tiempo en que nadie discutía que fuera el pueblo de montaña más bello de Bulgaria. Hoy pervierten la estampa bucólica, a su alrededor, hoteles voluminosos aparecidos a propósito de una estación de esquí que ha hecho de Bansko un hervidero durante el invierno. En verano se anima bastante a partir del festival folclórico del primero de julio, pero el resto del año funciona a medio gas.

El casco histórico aún conserva encanto. De norte a sur, merece la pena dar un paseo por las peatonales **Pirin** (bulliciosa, con comercios, agencias de aventura y restaurantes) y su paralela **Gotse Delchev** (más tranquila y con un riachuelo en la parte central), así como por las más íntimas **Neofit Rilski** o **Velyan Ognev**, perpendiculares.

▼ Casco antiguo de Bansko, con el monte Vihren al fondo.

A Pirin por la vía estrecha de Septemvrí-Dobrinishte

Distancia:
125 km

Duración:
4.50 h

Punto inicial:
Septemvrí

Punto final:
Dobrinishte

El único tren de vía estrecha en funcionamiento en Bulgaria, "el alpino de los Balcanes", recorre valles y gargantas a lo largo de la frontera entre los montes Ródopes y el macizo de Rila, desembocando en Pirin. Salva desniveles considerables con tedio, lo que forma parte de su encanto, a través de espirales y túneles excavados en la roca casi a mano. Ofrece una estampa bucólica del país, también algo deprimida, donde se pueden encontrar vestigios de las comunidades musulmanas, mucho más numerosas en tiempos otomanos.

Se operan cuatro trayectos diarios en cada sentido. Por el norte, **Septemvrí** (250 m) es su conexión con el resto de la vía férrea del país, siendo

parada de la línea **Sofía-Plovdiv.** Comenzando desde aquí, el primer tramo hasta Velingrad es el más antiguo, inaugurado en 1926. Recorre 39 km en 1,30 h, y por el camino asciende más de 500 m de desnivel por la garganta del río Tsepina; cerca de la parada homónima se puede dar un paseo hasta los restos arqueológicos de una de las fortalezas búlgaras más importantes del Medievo, disputada con los bizantinos desde el siglo IX. **Velingrad** es una ciudad-balneario autoproclamada como la capital del spa en los Balcanes. Tiene buena infraestructura, oficina de información y agencias para disfrutar de los alrededores, aunque como localidad no presenta encantos.

Entre Velingrad y Yarokuda se encuentra el tramo más meritorio de la línea, inaugurado en 1937. Es el único en que la vía se aleja de la carretera nacional 85, y lo hace para subir y bajar un puerto a través de cuatro espirales subterráneas y hasta 25 túneles. El más largo, de 315 m, se atraviesa justo antes de la cota máxima de la línea: la **estación de Avramovo**, a 1.267 m. Aquí, carretera y vía vuelven a verse las caras para hacer un descenso corto e inclinado hasta **Yarokuda,** alcanzando un 3,2% de desnivel. La vista se abre definitivamente al llegar a **Cherna Mesta,** desde donde comienza a llamar la atención la densidad de mezquitas. Este segundo tramo suma 46 km que se recorren en 1,40 hora aprox.

El tercer y último tramo, entre Yarokuda y Dobrinishte, es prácticamente llano, casi siempre en paralelo al fantástico río Mesta. Es el único sin túneles, aunque puede presumir del viaducto más largo, de casi 60 m, ubicado antes de llegar a **Guliyna Banya.** Estos últimos 40 km (1,30 horas) se inauguraron entre 1943 y 1945, y están preparados para una hipotética vía estándar. **Bansko** (▶75), la penúltima de las 24 paradas de la línea, se puede considerar la capital montañesa de Bulgaria.

La línea es poco práctica dada su velocidad, por lo que es recomendable utilizarla solo en un sentido, viajando en autobús directo a Bansko desde Sofía o Plovdiv. Los que dispongan de coche, pueden emular el viaje casi al completo siguiendo la carretera 84 y así tener oportunidad de parar a comprar frutos del bosque y mieles que se venden en los arcenes.

¿Dónde me siento?
De norte a sur: entre Septemvrí y Velingrad, las vistas son mejores desde los asientos de la derecha, mientras que entre Velingrad y Dobrinishte es mejor cambiarse a los de la izquierda. Inviértase el orden con el sentido de la marcha.

¿Sabías que…?
Tras la Primera Guerra Mundial, el ejército búlgaro se limitó a 20.000 soldados. Preocupado por la militarización de las fronteras con Turquía, en los años 30 el rey Boris III pidió ayuda a los firmantes de aquella paz, Francia y Reino Unido. El relato nacional atribuye a su omisión de socorro el que Bulgaria tomara la mano que le ofrecía Hitler en un momento delicado. Así, el Tercer Reich se convirtió en aliado económico clave y destino principal de las exportaciones. Tanto que cargó con parte de los gastos de la construcción de esta línea.

∙∙∙∙∙∙∙∙∙∙

Museo de los Iconos
🔲 Yane Sandanski 3.
🕐 Ma-sa, 9-12 h y 13-17.30 h.
🎫 5 lv, guía en inglés 10 lv.

Casa Velyanov
🔲 Velyan Ognev 7.
🕐 Ma-sa, 9-13 h y 14-17.30 h.
🎫 5 lv, guía en inglés 10 lv.

Casa Radonova
🔲 Aton 3.
🕐 Ma-sa, 9-12 h y 13-17.30 h.
🎫 5 lv.
🌐 www.visit-bansko.bg

∙∙∙∙∙∙∙∙∙∙

Centro de interpretación
🔲 Pirin 125.
🕐 Lu-vi, 9-12.30 h y 13-17 h.
🌐 www.pirin.bg

Gondola
🔲 Invierno, 96 lv por día; verano, 44 lv ida y vuelta.
🌐 www.banskoski.com/en

Todos los atractivos se sitúan en esta zona, que tiene la estación de trenes y autobuses *(Patriarh Evtimiy)* unos 15 min a pie al norte, y la *ski zone* a otros 15 min hacia el sur, donde está la *Gondola* (punto siguiente). Se puede empezar un paseo de norte a sur en la plaza Nikola Vaptsarov para llegar al **monumento a Paisio de Hilandar** (▶20), de 1976, al que flanquean las fechas claves de los primeros reinos búlgaros. En su plaza, **Vazrazhdane**, se encuentra el centro de información, y al sur, oculta tras un muro de piedra, se levanta la **iglesia de la Santísima Trinidad** (1835), uno de los mejores ejemplos de arquitectura popular búlgara del XIX, aunque los frescos son recientes.

Antes de recorrer la calle Pirin merece la pena echar un vistazo a los callejones que salen al este del templo. En ellos se puede visitar el **museo de los Iconos** de la escuela de Bansko, con originales y copias de piezas del XVIII y XIX no demasiado valiosas pero ubicadas en un curioso complejo de 1749. En ese sentido es más interesante, a su lado, la **casa Velyanov**, ejemplo de arquitectura del Renacimiento Nacional y de la riqueza de la ciudad a finales del siglo XVIII e inicios del XIX. Su tesoro son las pinturas de Velyanov Ognev y la habitación azul, que evoca atmósferas de Venecia y Constantinopla. Está habilitado para personas con movilidad reducida. Un poco más al sur, la **casa Radonova** es otro buen ejemplo de arquitectura renacentista y alberga un pequeño **museo histórico-etnográfico**.

❙ BANDERISHKA-VIHREN ✱✱✱

Lo mejor de Bansko comienza montaña arriba, tras el centro de interpretación del Parque Nacional. La referencia en altura es **Banderishka Polyana,** una pradera a casi 1.600 m con un par de restaurantes y atracciones para niños. Desde esta, un carreterín de 5 km en mal estado conduce hasta el **refugio Vihren**. Ambos puntos son ideales para ascender al **pico Vihren** (2.914 m), el más alto de Pirin, aunque también para otras rutas más asequibles y casi tan bellas, como la de los **lagos glaciares de Banderishka**.

Hasta la pradera llega la *Gondola,* un teleférico que funciona ininterrumpidamente en temporada de esquí, pero también durante los meses de julio y agosto. El resto de los meses suele ofrecer una subida por la mañana y una bajada por la tarde los fines de semana. También sube una carretera que pueden utilizar coches particulares cuando no hay nieve. Además, entre el 1 de julio y el 15 de septiembre, un autobús sube a diario a las 8.30 h, 14.15 h y a las 17 h (6 lv), con salida en la estación de autobuses,

parada en el Kempinski Grand Arena (junto al centro de interpretación) y destino final en el refugio Vihren, parando previamente en Banderishka.

BANSKO, ESTACIÓN INVERNAL ✳

Con instalaciones modernas, mucha nieve (aprox. del 15 de diciembre al 15 de mayo) y precios competitivos, llama cada vez más la atención fuera de las fronteras búlgaras. Está orientada hacia el norte, suma más de 1.500 m de desnivel (de 950 a 2.600 m) y 70 km esquiables en tan solo 16 pistas de gran longitud, con una combinación posible de hasta 16 km.

Cuenta con un teleférico, dos telesillas de seis plazas, otros seis de cuatro plazas, otro de dos y hasta cinco arrastres, si bien cabe esperar ampliaciones. También hay espacio para el esquí de fondo (5 km) y para los senderistas invernales, que pueden seguir utilizando la Gondola para caminar desde Banderishka Polyana.

MELNIK (▶31) ✳✳✳

MONASTERIO DE ROZHEN ✳✳

Si en lugar de entrar a Melnik se continúa valle adentro, al cabo de 7 km se alcanza uno de los monasterios más antiguos e íntimos del país, de esos en los que merece la pena fundirse respetuosamente con su silencio y sobriedad. Su construcción en madera, argamasa y caliza es bastante modesta,

Estación invernal
Pase de día: 96 lv.
www.banskoski.com/en

▼ El monasterio de Rozhen, con sus bellas pinturas murales, es un magnífico ejemplo de templo ortodoxo.

▲ Cascada Skoka.

🏠 www.villamelnik.com
🏠 www.zlatenrozhen.bg
🏠 www.orbeliawinery.bg

pero los frescos de la **iglesia de la Natividad de la Virgen** son unos excelentes ejemplos de la tradición ortodoxa, con expresiones cautivadoras.

La fundación del monasterio se ha querido relacionar con san Iván de Rila, aunque las primeras constancias datan de fin del siglo XIII, como el mármol de la puerta de acceso del nártex a la nave principal. Los del nártex son sus frescos más antiguos, de 1597, seguidos de los de la fachada sur, de 1611. El resto correspondería a formas de entre 1715 y 1732, cuando se reconstruyó tras un incendio. Entonces se añadieron los fantásticos vitrales con motivos florales, que evocan al Jardín del Edén, y el iconostasio.

Al entrar a la izquierda hay una copia de 1790 del icono milagroso de la Virgen de Iver *(Panagia Portaitissa)*, que se considera pintó el mismísimo evangelista Lucas. El original se conserva en el monasterio de Iviron (monte Athos, Grecia), del que pasó a depender el de Rozhen a finales del XVIII. Justo antes de llegar al monasterio se pasa por la aldea homónima, un lugar con encanto donde hacer noche y desde el que comenzar alguna ruta, como a la **cascada Skoka.**

❙ RUTA VITIVINÍCOLA ✱
Aunque la fama se la lleva Melnik, el grueso de los viñedos y bodegas se ubican al sur y al oeste del pueblo, donde el terreno empieza a ser viable para el cultivo y las vistas se abren, ofreciendo un fantástico paisaje de contrastes.

En la zona se han abierto a visitantes numerosas **bodegas**, de las cuales la más cercana es **Villa Melnik**, a 7,5 km. También es la que mejor experiencia integral ofrece, con una ubicación privilegiada, un salón de catas panorámico y aderezo geológico en forma de fósiles que se descubrieron mientras se excavaba su curiosa bodega a 20 m de profundidad. En lo que se refiere estrictamente a vinos hay que decir que es una empresa joven con bastante por pulir, pero va haciendo progresos, especialmente en los blancos.

Con menos encanto pero más oficio en la producción se ubica muy próxima **Zlaten Rozhen** (5,5 km más allá). Y ya sobre la frontera griega, **Orbelia** combina mejor calidad y experiencia turística, aunque penalizando en la distancia (35 km de Melnik). Conviene avisar con antelación la visita para que preparen especialidades para maridar, además de para asegurarse de que haya quien hable inglés.

| ALREDEDOR DE GOTSE DELCHEV ✳

Los que se decidan a bordear Pirin por el sur pasarán por esta localidad, ya en los límites de los montes Ródopes. Las carreteras que conducen hasta aquí ofrecen buenos paisajes ya sea desde el norte, por el **cañón del río Mesta,** o desde el oeste, remontando el retorcido **puerto de Pirin**.

A su alrededor se localizan algunos de los pueblos con más encanto del país, aislados en valles, modestos, a veces medio en ruinas, sin museos ni patrimonio reseñable, pero con casas encantadoras de pizarra y madera en las que conviven actividades agrícolas y turísticas; por eso, constituyen un lugar pintoresco y genuino donde hacer noche. **Delchevo** es uno de los más famosos, aunque la carretera que da acceso es una tortura; más accesible e igualmente bello es **Kovashevitsa**.

▼ Museo del vino en Melnik.

▮ Orientación

Lo más atractivo queda al norte de Karlovo (en el Parque Nacional) y de Kazanlak, donde el puerto de Shipka, da paso a pueblos y monasterios de valor para concluir en la histórica Veliko Tarnovo. Cruzarlos sin coche ralentiza bastante la marcha ya que la frecuencia de transporte público es muy baja, aunque también tiene su encanto: una vieja y lenta vía ferroviaria de montaña une Tulovo y Veliko Tarnovo cuatro veces al día en cada sentido. Si se viaja desde Sofía por el sur, vale la pena hacer una parada en la localidad de Koprivshtitsa (110 km), famosa por sus construcciones coloridas y tradicionales.

• • • • • • • • •

🌐 www.centralbalkan.bg

Museo Hristo Botev
✉ Hristo Botev 5, Kalofer.
🕐 Lu-do, 8.30-17 h.
💶 4 lv.
🌐 muzeibotev.com

Museo Vasil Levski
✉ General Kartsov 57, Karlovo.
🕐 Lu-do, 8.30-13 h y 14-17 h.
💶 4 lv.
🌐 vlevskimuseum-bg.org

▮ Montes Balcanes

La espina dorsal de Bulgaria cruza el país de este a oeste sin grandes elevaciones pero con muchos encantos en forma de pueblecitos coloridos de piedra y madera, monasterios perdidos y bosques templados. Presenta varios memoriales a héroes de la Liberación, pues aquí tuvieron lugar sus episodios más violentos entre 1876 y 1878. Su nombre en búlgaro, *Stara Planina*, significa "Montaña Vieja".

▮ PARQUE NACIONAL DE LOS BALCANES CENTRALES ★★★

A diferencia de los paisajes alpinos de Rila y Pirin, estos son montes menos abruptos y más accesibles, aunque la infraestructura está menos desarrollada. El clima húmedo y la elevación moderada dan vida a bosques caducifolios de gran valor (hay nueve áreas de protección estricta, en total, más de 20.000 hectáreas) cuyas brumas y colores crean estampas de cuento especialmente en otoño.

El paso de Beklemeto (1.520 m, también llamado Troyanski) atraviesa el parque de norte a sur y lo divide en dos, siendo la mitad oriental la más elevada y la que ofrece más refugios, rutas señalizadas y encantos en general. En la cima del puerto aparece el **Arco de la Libertad,** una mole de hormigón dedicada a los que lucharon aquí por la libertad de Bulgaria en 1878 y en 1944.

Sin embargo, este no es el lugar más popular desde el que lanzarse al parque: los senderistas suelen preferir las proximidades de Karlovo y en concreto **Kalofer,** que cuenta con estación de tren y queda más cerca del techo del parque: el **pico Botev** (2.376 m). Aun así, dista 22 km del pueblo, de los que siete se pueden hacer en coche. El pico se rebautizó así en 1950 para rendir homenaje al líder revolucionario Hristo Botev, natal de Kalofer, donde se puede visitar su **museo.**

Por su parte **Karlovo** es una pequeña capital famosa por la industria de la rosa, con mayor frecuencia de trenes y mejor infraestructura, pero algo menos de encanto. También es el lugar de nacimiento de Vasil Levski (▶20), con su correspondiente **casa-museo.** Karlovo se llamó Levskigrad en su honor entre 1953 y 1962. Si se cruza al lado norte, merece la pena parar en el **monasterio de Troyan,** de 1835 (sobre uno anterior de finales del siglo XVI), con frescos de Zahari Zograf.

▎KAZANLAK　　　　　　　　　　　✳

Al sur de los montes Balcanes, a medio camino entre Plovdiv y Veliko Tarnovo, la capital mundial del aceite de rosa es un pueblo insulso, pero de ubicación privilegiada, que ofrece alguna estampa bucólica por los alrededores. La llanura está protegida por unas estribaciones montañosas que crean un microclima ideal para el cultivo, lo que ha atraído a civilizaciones desde hace milenios. Lo atestigua la **tumba tracia de Kazanlak,** un enterramiento abovedado característico de estas tribus que fue declarado Patrimonio de la Humanidad por el valor de sus pinturas, las mejor conservadas en Bulgaria de época helenística.

Formaba parte de una gran necrópolis de la realeza de finales del siglo IV a.C. Consta de una precámara rectangular de apenas 2 m de largo seguida de la funeraria, circular, con un diámetro de 2,6 m y una altura máxima de 3,2 m en la cúpula; las bóvedas de ambas presentan los frescos con escenas ecuestres, de ritos funerarios y de la realeza odrisia. Fue descubierta en 1944 mientras se excavaban trincheras para protegerse del avance del Ejército Rojo. Para preservar el hallazgo se ha prohibido el acceso y hoy solo se puede visitar una réplica exacta que hay a su lado.

Los que prefieran encontrarse con originales disfrutarán del cercano **museo Iskra,** arqueológico, un espacio que sorprende dadas las dimensiones del pueblo. Expone varias de las joyas halladas en el Valle de los Reyes Tracios junto a información sobre las excavaciones circundantes y los túmulos que se pueden visitar. Sorprende también con una buena y ecléctica colección de pintura búlgara de finales del XIX y principios del XX.

▎Buzludja

Su inauguración en 1981 coincidió con el 1.300º aniversario del nacimiento del Reino de Bulgaria, pero tiene más que ver con el centenario del congreso constituyente del Partido Socialista Búlgaro, que se celebró aquí en 1891. A los ocho años se abandonó y desde entonces es una patata caliente que se pasan gobierno y Partido Socialista, y que probablemente acabe reducida a escombros a no ser que prospere alguna medida para recuperarlo.

• • • • • • •

Réplica de la tumba tracia
✉ General Radetski 48.
🕑 9-17 h.
💶 6 lv.
🌐 www.muzei-kazanlak.org

Museo Iskra
✉ Sv. Sveti Cyril and Methodius.
🕑 9-7.30 h.
💶 8 lv.
🌐 www.muzei-kazanlak.org

▼ Festival de la Rosa, en Kazanlak.

Museo de la Rosa
- ✉ Voynishka 1.
- ⏰ 9-7.30 h.
- 💶 6 lv.
- 🌐 www.muzei-kazanlak.org

¿Sabías que…?

Para producir 1 kg de aceite de rosa se destilan unos 3.000 kg de pétalos de rosa de Damasco o unos 5.000 de la tipo Alba, variedades locales. El precio de 1 ml en estado puro puede ascender a 100 €.

Museo de Shipka
- ⏰ Verano 9-19 h; invierno hasta 16.30 h.
- 💶 3 lv, guía 10 lv.
- 🌐 www.shipkamuseum.org

- ✉ Bryanska 68, Gabrovo.
- ⏰ 9-18 h, lunes de invierno cerrado.
- 💶 6 lv.
- 🌐 www.humorhouse.bg

En el parque Rosarium hay un pabellón acristalado que alberga el **museo de la Rosa,** producto clave en la economía local. Repasa el uso y significado de su aceite desde la Antigüedad, aunque se centra en la producción local durante el siglo xix y xx. Testimonios y crónicas viajeras, referencias geológicas y meteorológicas, materiales históricos de producción o envasado, historia empresarial…

La mejor época para visitar el pueblo es a finales de mayo o principios de junio, cuando se celebra el Festival de la Rosa de Bulgaria (▶125), o en las semanas previas, cuando el valle está en plena floración e inundado de aromas.

❚ VALLE DE LOS REYES TRACIOS (▶32)   ★★★

❚ SHIPKA   ★

El **puerto de Shipka** (1.190 m) es una opción más sencilla que Beklemeto para cruzar los montes Balcanes. En la base sur brillan las cúpulas de la **iglesia rusa** de 1902, cuyo origen se entiende mejor en la cima, tras 15 km de subida suave. En ella aparece una torre, el **monumento a la Libertad,** exactamente sobre uno de los puntos más disputados en la guerra rusoturca de 1877-1878, que concluyó con la Liberación búlgara. Su defensa era clave para impedir un cerco turco. Durante cinco días del verano de 1877, unos 5.000 búlgaros resistieron el ataque de 40.000 turcos.

El monumento se construyó entre 1926 y 1934, y a su inauguración asistieron cientos de miles de personas, como muestran las fotos de la parte superior del **museo,** que repasa exhaustivamente los 313 días de conflicto. Está traducido solo a medias, aunque las vistas de arriba son internacionales.

Aunque no lleva el título de "monumento a la hermandad" como sí llevan muchos memoriales soviéticos impuestos, el de Shipka muestra una gratitud sincera hacia los hermanos rusos, honrando la memoria de figuras que quizá resulten familiares (cuentan con calles y plazas por todo el país) como la del general Iosif Gurko, el diplomático Graf Ignatev o, por supuesto, el mismo zar Alejandro II. A su alrededor hay varios memoriales, enterramientos e incluso artillería traída ya en los 50.

❚ MUSEO DEL HUMOR Y LA SÁTIRA   ★

Con nulos encantos y una montonera de bloques de viviendas idénticos, **Gabrovo** estropea el idilio paisajístico que supone atravesar los montes Balcanes. Pero eso no quiebra el ánimo de su gente, famosa por su buen humor y su fábrica anónima de chis-

tes. Haciendo gala de su fama, en 1972 inauguraron este gran **museo** en un antiguo telar, en el que dan la bienvenida esculturas de Don Quijote, Sancho y Chaplin, dejando claro que sus aspiraciones son internacionales. Hay varias exposiciones permanentes: sobre el carnaval local, de chistes típicos, otra de copias de frescos pecaminosos de los monasterios búlgaros… Además, la gestión es muy activa y organiza exposiciones donde el humor se mira desde una perspectiva amplia y se mezcla con las artes. Por lo general es bastante accesible, con casi todo traducido al inglés y hay hasta un libro de chistes en español en la simpática tienda de recuerdos.

▲ El monasterio de Sokolski, en el Valle de las Rosas, es uno de los más bonitos monasterios de Bulgaria.

| ETARA Y SOKOLSKI (▶34)   ★★★

| TRYAVNA   ★

Es uno de los pueblos más auténticos de los montes Balcanes, con bastantes construcciones nuevas en su perímetro, pero un casco viejo con encanto donde dominan los tejados recios de pizarra y, sobre ellos, la torrecilla del reloj asomándose al río. Queda apartada del camino que marca la nacional 5 y llegar en coche supone conducir por carreteras retorcidas, aunque sí es parada del tren de montaña, por la que hace un paso bonito. Cabe destacar la **iglesia del Arcángel Miguel,** así como una sorprendente colección de **museos** entre los que llama la atención uno de **arte asiático y africano,** otro sobre el revolucionario local **Angel Kanchev,** y particularmente el **museo de Tryavna** (Pencho Raikov 27, 9-17 h), en un bonito edificio construido en la década de 1830 que muestra una variopinta exposición.

Museos de Tryavna
🖲 5 lv individual, combinados 12-22 lv.
◐ www.en.tryavna-museum.eu

▲ Monasterio de Dryanovo.

● ● ● ● ● ● ● ● ●

🕐 Recinto 8-19 h,
museo 9-16.30 h.
🅿 Parking 1 lv, museo 2 lv.
🚋 Estación de tren:
Bacho Kiro.

¿Sabías que…?

En la órbita soviética era
habitual acallar las ex-
presiones de exaltación
nacional. Veliko Tarnovo
es un curioso ejemplo de
convivencia. Por la ciudad
son habituales murales
que, con formas típicas
del real socialismo, narran
y quizá reinterpretan los
episodios nacionales.

● ● ● ● ● ● ● ● ●

Cueva Bacho Kiro
🕐 Abr-nov, 9-18 h,
may-oct, 10-16 h.
🎫 3 lv.

❙ MONASTERIO DE DRYANOVO ✶✶

Continuando 20 km al norte (sea desde Tryavna o
desde Gabrovo) se llega a la localidad de **Dryanovo,**
donde confluyen la nacional 5 y la línea de tren de
montaña. Unos 5 km al sur, este viejo complejo monástico hoy también hace las veces de posada, restaurante, memorial, museo histórico y etnográfico, granja,
parque infantil y punto de partida de excursiones a pie
por gargantas y acantilados.

No es ni muy antiguo ni rico en sus formas o frescos, pero presenta un buen ejemplo de la arquitectura regional, con estructuras de madera y tejados de
pizarra que se funden con el fantástico paisaje. Se
construyó en 1845 y al poco se convirtió en refugio
de apóstatas del Patriarcado de Constantinopla y
de revolucionarios que abrazaban las ideas de Vasil
Levski. Aquí se fraguó buena parte de la Sublevación
de Abril de 1876 que desembocaría en la guerra ruso-
turca. Sobre este acontecimiento hay un pequeño
museo con algo de información en inglés, además de
algunas piezas de arte sacro, fotografías o grabados
que pueden merecer un vistazo rápido. Saliendo del
recinto por la puerta trasera, el puente de madera
ofrece la fotografía más simpática: un retrete que
asoma al río por la muralla.

En este punto confluyen dos **ríos**: mirando aguas
arriba, a la derecha el **Andaka** y a la izquierda el
Dryanovska. Remontando el primero, a menos de
medio kilómetro se llega a una cascada donde comienza un pequeño *ecotrail* por la garganta; si se
sigue un poco hacia arriba, al poco se puede visitar
la **cueva Bacho Kiro,** y arriba del todo, el **Banco del
Amor** ofrece buenas vistas del cañón.

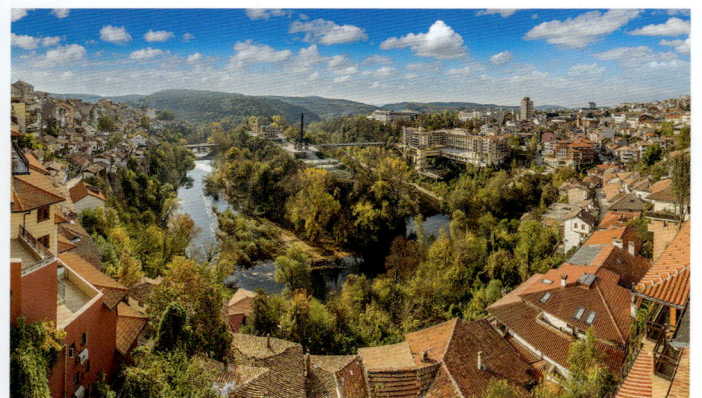

VELIKO TARNOVO ★★★

La capital medieval de Bulgaria es el destino más tradicional para el turismo interno, que viene atraído por los vestigios de su glorioso Segundo Reino (1185-1393). Presume de la fachada urbana más fotogénica del país, construida sobre terrazas que se asoman a los **acantilados del río Yantra**, y cuyos meandros crean un clima húmedo con brumas habituales que dan un toque mágico a la ciudad. El turismo está volcado en la **fortaleza de Tsarevets** (▶35) mientras que el resto de la ciudad vieja (que ya responde a fechas de alrededor del siglo XIX) deja entrever un potencial por explotar entre sus callejones con encanto. El poso soviético, en cualquier caso, es pesado.

Salvo que se llegue desde la estación de tren de la vecina Gorna Oryahovitsa, la entrada natural al casco se hace desde el sur, siendo la referencia el **monumento a la Madre Bulgaria** (pl. Mayka Bulgaria), junto a la oficina de turismo. Está dedicado a fechas clave de la constitución del Estado búlgaro.

Antes de poner rumbo a Tsarevets (hacia el este) se puede hacer una primera toma de contacto con la ciudad alcanzando la mejor perspectiva de su fachada urbana junto al **monumento Asen**: desde la oficina de información, bajando por Alexander Stamboliyski y cruzando el río. Se trata de un memorial erigido en 1985 con motivo del 800º aniversario del levantamiento de los hermanos Asen contra el Imperio Bizantino, que daría lugar a la creación del Segundo Reino Búlgaro y a su dinastía más célebre. A su lado, la **galería de Arte Boris Denev,** un edificio que evoca un monasterio medieval pero que fue construido a principios de siglo XX. En él hay una

▲ El río Yantra a su paso por Veliko Tarnovo.

¿Sabías que…?

Veliko Tarnovo está hermanada con Toledo.

¿Sabías que…?

Mientras que el resto de grandes ciudades comenzaron a caer en manos otomanas a partir de los años 60 y 70 del siglo XIV, Veliko Tarnovo aguantó hasta 1393. El fin del asedio de tres meses que sufrió la fortaleza de Tsarevets marcó el final del Segundo Reino de Bulgaria.

Galería Boris Denev
✉ Alexander Stamboliyski.
🕐 Ma-do, 10-18 h; invierno a 17 h.
🎟 8 lv.
🌐 borisdenevgallery.com

muestra interesante de autores búlgaros de finales del XIX hasta la actualidad, con un espacio destacado para el pintor local Boris Denev (1883-1969), donde merece la pena reparar en las estampas posimpresionistas del Tarnovo de la década de 1920.

Hay que volver sobre nuestros pasos hasta Mayka Bulgaria para, ahora sí, poner rumbo este hacia el centro viejo por el **bulevar Nezavisimost**, la principal, que después cambia de nombre a Stefan Stambolov. Al poco, a la izquierda, la **estatua de Stambolov** marca el inicio de la **calle Georgi S. Rakovski**, que alberga el que quizá sea el mejor **mercado de artesanía** del país (Samovodska charshiya), además de uno de los puntos con más encanto de la ciudad. Y un poco más adelante, a la derecha aparece la **calle Mitropolit Panaret Rashev**, por la que merece la pena bajar para llegar a la **casa Sarafkina**, de 1861, considerada una de las obras maestras del Renacimiento Nacional en Tarnovo. Llama la atención las dos alturas que presenta a pie de calle frente a las cinco del lado del barranco. Muestra estancias cotidianas y hace de pequeño **museo etnográfico.**

A su lado, tomando la calle Ivanka Boteva para seguir hacia el este, aparece la **iglesia de San Constantino y Santa Elena**, de 1872, dispuesta en una terraza y con detalles de grandeza, aunque por ahora en estado semi ruinoso. Un poco más adelante se llega a las **ruinas de la iglesia de San Spas** (el Salvador), construida en 1859 pero caída en un terremoto de 1913. Tras esta, la **biblioteca** es un curioso edificio de 1922 que mezcla funcionalismo, clasicismo y evoca el Renacimiento Nacional.

Su acceso principal está en la plaza Saedinenie, que preside el **museo del Renacimiento Nacional** y la **Asamblea Constituyente**, un buen ejemplo de arquitectura tardía de este movimiento, que paradójicamente fue construido en 1872 como *konak* para la administración del gobierno otomano. Tiene el gran honor de haber sido el escenario, en la primavera de 1879, de la Asamblea Nacional que proclamó la Constitución de Tarnovo y estableció la capital en Sofía. En sus interiores amplios y sencillos se narra y ensalza este proceso, aunque desgraciadamente la mayoría de la información no está traducida al inglés. Compensa, al menos, con una buena colección de fotografías antiguas y modernas de la ciudad, algunos iconos, armas, indumentaria y demás objetos relacionados con el movimiento rebelde.

Vale la pena rodear tanto el museo como la biblioteca para completar sus imágenes. Especialmente la segunda, desde cuya fachada sur se

Casa Sarafkina
✉ General Gurko 88.
⏰ Ma-sa, 9-18 h.
💶 6 lv.

Museo de la Asamblea Nacional
✉ Ivan Vazov.
⏰ 9-17 h, lunes desde las 12 h.
💶 6 lv.
🌐 www.museumvt.com/en

accede al **museo Arqueológico**. Con aspecto de semi abandono, necesita con urgencia una reha-bilitación y traducciones, aunque su patio sigue luciendo fantástico.

De vuelta a Saedinenie y tomando la calle Ivan Vazov hacia el este, se pasa sin pena ni gloria por la **catedral de la Natividad** y por el **Centro de Visitantes "Tsarevgrad Tarnov"**, un centro de interpretación un tanto infantil en el que se recrean escenas histórico-etnográficas de la ciudad, muestra un pequeño documental y algunas pantallas interactivas. Tras este, alcanzamos la postal más demandada: la de la **fortaleza de Tsarevest** (▶35).

A los pies de la fortaleza, por su lado occidental, el río ofrece un bonito paseo entre algunos de los templos más antiguos y significativos de Bulgaria. El primero en aparecer es la **iglesia de los Cuarenta Mártires** (para entrar, hay que llegar al puente de piedra, bajar al río y volver sobre nuestros pasos por la orilla), dentro de un complejo monástico construido en 1230 para conmemorar las victorias de los Asen frente a los bizantinos, pero que reluce como si nuevo tras su rehabilitación de 2006. A finales del siglo XVIII se reconvirtió en mezquita y perdió la mayoría de los frescos, pero se le ha devuelto algo de su esplendor con un proyecto acertado en el que se hace evidente qué es nuevo y qué original. Además de albergar tumbas de dos de los reyes búlgaros más celebrados (Kaloyan e Ivan Asen II), fue el lugar elegido por el rey Fernando I para proclamar, el 22 de septiembre de 1908, la independencia definitiva del Imperio Otomano.

Pasado el puente de piedra se llega a la **iglesia de la Asunción**, distinguible por una brillante cúpula dorada. Es sencilla, con un iconostasio pequeño y abigarrado, pero ofrece el encanto de lo cotidiano, representando aún esas iglesias tradicionalmente ennegrecidas por las chimeneas que las calientan. Siguiendo por la ribera oriental se pasa por los **baños Shishmanov**, apenas una anécdota, para llegar a la mucho más interesante **iglesia de San Pedro y San Pablo**, que a la sombra de los Cuarenta Mártires suele suponer una grata sorpresa. El exterior se puede considerar nuevo, de una reconstrucción de los años 80 realizada para proteger el interior de un templo del siglo XIII. En él se han descubierto tres capas diferenciadas de frescos murales de entre los siglos XIV y XVII, que corresponden a sucesivas ampliaciones.

Finalmente, merece la pena cruzar el río por el puente peatonal y girar a la derecha para llegar a la **iglesia de San Demetrio**, para muchos el templo más bello de Tarnovo, al menos desde el exterior.

Museo arqueológico
✉ Silvestar Penov.
🕐 9-18 h, lunes desde las 12 h.
💶 6 lv.
🌐 www.museumvt.com/en

Tsarevgrad Tarnov
✉ Nikola Pikolo.
🕐 9-18 h, lunes desde las 12 h.
💶 10 lv.
🌐 www.museumvt.com/en

Iglesia de los Cuarenta Mártires
✉ Kliment Ohridski 22.
🕐 9-18 h, lunes desde 12 h.
💶 6 lv.
🌐 www.museumvt.com/en

Iglesia de San Pedro y San Pablo
✉ Kliment Ohridski 42.
🕐 9-17 h, miércoles desde 12 h.
💶 6 lv.
🌐 www.museumvt.com

Ya desde los miradores de Tsarevets viene llamando la atención con sus característicos arcos decorados con cerámica. Podría ser incluso de finales del siglo XII, también relacionado con la victoria de los Asen, aunque el terremoto de 1913 la dejó hecha ruinas y hoy apenas responde a una reconstrucción de los años 80; los interiores conservan escasos detalles. Suele estar cerrada, pero deberían abrirla si se solicita previamente en los Cuarenta Mártires. En verano, al caer la noche la iluminan junto a la fortaleza y ofrece una de las mejores estampas de la ciudad.

▌ MONASTERIO DE LA TRANSFIGURACIÓN ✷✷

Camino hacia Ruse, unos 7 km al norte de Tarnovo, el pequeño monasterio Preobrazhenski encarna bien la tradición búlgara. Se construyó en 1360 valiéndose parcialmente de sillares traídos de la vecina excavación arqueológica de *Nikopolis ad Istrum* (una ciudad romana fundada por el emperador Trajano), por lo que a algunos les gusta decir que el templo pronto cumplirá 2.000 años. Tras la invasión otomana quedó muy deteriorado y no fue hasta 1834 que se volvió a erigir en su estado actual.

Más allá de su ubicación de cuento, es un lugar de especial valor por sus frescos, ejecutados al poco de su construcción por el maestro Zahari Zograf, que se empleó aquí durante dos años, dejando constancia con un pequeño autorretrato en el nártex. Precisamente en el nártex cabe destacar los pasajes bíblicos así como, ya en el exterior, la *Rueda de la vida*. Una curiosidad corre a cuenta de la enorme roca que, tras el ábside (lado norte), se desprendió desde lo alto del cortado en 1991 y a centímetros estuvo de acabar con el monasterio. Este era mucho más grande de

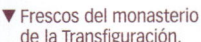

▼ Frescos del monasterio de la Transfiguración.

▲ Exterior de las iglesias rupestres de Ivanovo.

lo que se percibe a primera vista, completamente rodeado de unas sugerentes estancias que lo convirtieron en monasterio real a principios de siglo xx. Los comunistas y los corrimientos de tierra han dejado solo un pedazo en pie. Desde Tarnovo (carretera 5), el monasterio queda a la izquierda de la carretera. El desvío está justo en una curva a la derecha y es peligroso. Es buena idea ir hasta Samovodene para dar la vuelta, aunque se duplique la distancia.

EL NORESTE DE BULGARIA ✶✶✶

Al norte de Veliko Tarnovo se abre el valle del Danubio, con grandes extensiones de cultivo, cañones de arenisca excavados por sus afluentes y zonas de valor ornitológico. Algo inabarcable en un "corto viaje", el cuarto nororiental del país es el que más espacios Patrimonio de la Humanidad concentra: cuatro de los nueve nacionales. Todos se ubican en entornos naturales algo remotos, así que el coche es casi imprescindible para visitarlos. A orillas del Danubio hay que destacar la localidad de **Ruse,** la quinta ciudad del país, cerca de la cual se encuentra el más exótico de los hitos Unesco: las **iglesias rupestres** de **Ivanovo**. Se trata de una serie de templos excavados en la roca alrededor del siglo xiv, uno de los cuales conserva numerosos frescos y conforma una de las imágenes más genuinas de Bulgaria.

Ruse está bien conectada con Varna y Veliko Tarnovo a través de buses y trenes, y una vez allí se puede tomar un taxi para visitarlas (25 km), o un bus a Ivanovo para después caminar 5 km. Una buena idea es alquilar un coche en Tarnovo y hacer una excursión por el monasterio de la Transfiguración, la excavación arqueológica de Nicopolis ad Istrum, las iglesias rupestres de Ivanovo y la ciudad de Ruse. Los que viajen en coche entre Tarnovo y Varna, podrán hacer parada en otro hito Unesco: el **caballero de Madara,** un relieve del siglo viii a las afueras de **Shumen,** ciudad famosa por la **mezquita Tombul** y el **monumento a los 1.300 años de Bulgaria.**

Orientación

Llegando por el norte desde la estación de autobuses, previa visita al museo Arqueológico, comenzamos desde la catedral hacia el sur. Al final de la plaza de la Independencia (Nezavizimost), la peatonal Knyaz Boris I se adentra en la ciudad vacacional, llegando hasta el bulevar Slivnitsa, que es la entrada más distinguida al jardín marítimo. La Varna histórica quedaría al sureste de la plaza de Independencia, continuando por la calle Pereslav, la más noble del casco viejo, que conduce a las termas romanas y al museo de Historia. A su lado comienza la playa y el jardín marítimo.

....

 Bul. Maria Luiza 41.
 Verano, 10-17 h; invierno, ma-sa 10-17 h.
 10 lv.
📷 www.archaeo. museumvarna.com

....

📍 Pl. Sveti Kiril i Metodiy 1.
🕐 7-18 h.
💰 Gratis.

Varna

La ciudad búlgara más poblada del Mar Negro (350 mil habitantes) presenta un casco viejo un tanto caótico, destartalado y con poco empaque. A finales del XIX dio la espalda a su pasado como fortaleza costera y se transformó en una ciudad de vacaciones, ganando paseos pero perdiendo esencias. No es fácil vislumbrar aquella *Odessos*, capital griega y romana, ni la ya Varna disputada por búlgaros, bizantinos y otomanos. Aunque de vez en cuando, al doblar una esquina, sorprende algún monumento aislado o callejón con encanto que resiste entre los nuevos hoteles de playa.

MUSEO ARQUEOLÓGICO ***

El mayor y para muchos mejor museo arqueológico de Bulgaria honra como es debido a su historia y patrimonio heredado de las civilizaciones más poderosas del Mediterráneo. Se ubica en una contundente construcción clasicista de la década de 1980 con un claustro que la inunda de luz.

La planta baja está dedicada a la Prehistoria y la Antigüedad, dando a conocer las cronologías de los acontecimientos en paralelo a los descubrimientos arqueológicos. Se descubren enterramientos desde la segunda mitad del V milenio a.C., la llegada de las tribus tracias entre el III y el I milenio a.C., y el legado griego y romano, ya desde el siglo VII a.C. Un gran mapa del mundo clásico y otro de vías romanas de entre los siglos I y III revelan una Bulgaria plenamente integrada en los imperios, donde la mayoría de sus principales ciudades actuales ya eran urbes significativas. Las alas norte y este son las más agradecidas, con fantásticas muestras de esculturas, relieves, orfebrería, mosaicos…

La planta superior está dedicada al periodo eslavo, desde que a finales del siglo VII el khan Asparuh cruzó el Danubio, consiguió el reconocimiento de Constantinopla y convirtió a Varna en la primera gran ciudad del Primer Reino Búlgaro. Centrada en las disputas territoriales, no tiene tanto valor patrimonial, aunque destaca una buena colección de armas del siglo X y XI en la sección norte, así como la colección de iconos del siglo XVII al XIX de distintas escuelas.

CATEDRAL DE LA DORMICIÓN **

Fue la primera catedral en erigirse tras la Liberación, cuya primera piedra colocó, en 1880, Alejandro Battenberg, primer príncipe de la Bulgaria moderna.

▲ Catedral de la Dormición.

Concluida seis años después, conjuga las ansias por alcanzar las mayores dimensiones posibles (ahora que nadie limitaba sus expresiones religiosas) con las de evocar los estilos de la Bulgaria tradicional. El resultado es un gran templo neobizantino a la imagen de los de San Petersburgo.

Llama la atención que el campanario, de 38 m, se levantó durante la Segunda Guerra Mundial pero más aún que los frescos comenzaron a ejecutarse a partir de 1949 y las vidrieras en los años 60, es decir, en pleno comunismo, cuando a Dios apenas se le permitía existir. Precisamente frescos y vidrieras constituyen su faceta más atractiva, que parecen evocar a las pinturas murales modernistas de movimientos paneslavistas que se pueden encontrar en lugares como Polonia o la República Checa, y que trazan formas planas con colores pastel y un toque naif. Sede del metropolita, cabe destacar su trono, de 1897, así como su abigarrado iconostasio, que incluye iconos regalados por el zar Nicolás II de Rusia.

▌ **PLAZA DE LA INDEPENDENCIA Y MUSALA** ✳
Cruzando la avenida Hristo Botev, en un pabellón de una planta se encuentra la **oficina de información**. Tras esta llama la atención la **torre del Reloj**, de 1888, anexa a su contemporáneo **teatro Concordia**. Alrededor, los jardines municipales suelen albergar mercadillos de fruta y de artesanía.

En su esquina sureste aparece el edificio neobarroco del **teatro dramático Stoyan Bachvarov**, construido entre 1912 y 1932, que se asoma a la **plaza** triangular **Nezavizimost** ("Independencia" en búlgaro). En la parte central, una **fuente** de 2015 ofrece, no sin frecuentes dificultades, un peque-

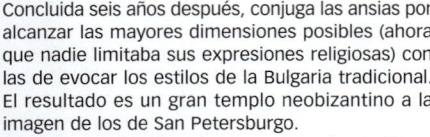

¿Sabías que...?

Según las crónicas de Filipo de Macedonia, Varna fue fundada en el siglo VI a.C. con el nombre de *Odessos* por migrantes helenos de Mileto. Su imparable desarrollo se truncó con la invasión de las tribus bárbaras en el siglo VI, cuando muchos de sus habitantes emigraron hacia el sur y los nuevos la rebautizaron con su nombre actual.

ño espectáculo de luz y chorros de más de 30 m de altura a diario durante la temporada turística (20.30 h).

Desde el extremo sur de Nezavizimost, si en lugar de tomar la peatonal Knyaz Boris I, entramos por Musala (dejando a la izquierda el hotel homónimo, de1927), aparece una de las plazas más pintorescas de Varna, donde cabe destacar el **Club de los Arquitectos,** una de las escasas construcciones previas a la Liberación.

I MUSEO ETNOGRÁFICO   ✱

En uno de los rincones más coquetos del centro, ocupa una casa de madera de 1860 estilo Renacimiento Nacional. Las dos primeras plantas las ocupa una notable colección de aperos de labranza, pesca y caza, de trajes folclóricos y de fotografías costumbristas de finales del xix y principios del xx; acompaña una panorámica súper ampliada de la ciudad cuando todavía los minaretes dominaban su horizonte. En la planta superior se han recreado estancias nobles de época. No hay mucha información traducida en los paneles (aunque no se hace muy necesaria), pero en la taquilla prestan unos impresos con información en inglés.

✉ Panagiurishte 22.
🕐 Jun-sept, ma-do, 10-17 h;
oct-may, lu-vi, 10-17 h.
💶 5 lv.

◀ Termas romanas.

| TERMAS ROMANAS ★★

Son casi el único exponente visible de la gran *Odessos*, pero tan visible que, casi dos milenios después de ser abandonadas, continúan siendo la construcción de mayor superficie en el casco viejo. Y eso a pesar del acoso de los edificios de alrededor, que literalmente las pisan.

Presumen de ser las más grandes del Imperio en los Balcanes, además del edificio público más antiguo de Bulgaria, construidas entre finales del siglo II y principios del III d.C., bajo mandato de Septimio Severo. Con un coste insostenible, décadas después de su inauguración fueron abandonadas y sus materiales reutilizados. Por eso no queda nada de los riquísimos mármoles que decoraban las piscinas y estancias, y apenas cabe distinguir los muros delimitantes que dan cuenta de sus dimensiones y que permiten recomponer la escena, tarea en la que ayudan algunos paneles. La maleza creciente, los dinteles desperdigados y las toallas de los bañistas colgando casi sobre las termas generan cierta sensación de abandono y potencial reprimido, aunque conforman una estampa bastante curiosa. Durante el verano luce mejor iluminado, cuando sirve como escenario en diversos festivales de teatro y música.

San Stefano 13.
Verano, 10-17 h; invierno, ma-sa 10-17 h.
5 lv.
www.archaeo.museumvarna.com

▼ Termas menores.

┃ HACIA LAS TERMAS MENORES ✱

En el extremo suroriental del complejo, construida sobre las mismas termas, la **iglesia de San Atanasio** tiene un jardín agradable con una curiosa perspectiva a estas. Es de 1838, quizá por eso su campanario recuerda más a un minarete; el interior está ricamente decorado y merece un vistazo.

Bajando hacia el sur por la calle 8-mi Noemvri, justo antes del museo de Historia, a la izquierda se ve la pequeña **iglesia de Santa Paraskeva,** de 1785, con más de un icono interesante. Y un poco más abajo, tras el museo, las **termas romanas menores,** producto del declive del Imperio Romano, que también afectó a *Odessos*. Se construyeron con restos de las termas mayores a finales del siglo III y funcionaron hasta el siglo VI. Plenamente visibles desde la calle, la entrada permite leer el puñado de paneles que interpretan.

┃ MUSEO DE HISTORIA MODERNA DE VARNA ✱

En un palacete neogótico de 1835 cubierto de enredaderas, su exposición se centra en el periodo comprendido entre la Liberación y la Segunda Guerra Mundial, periodo en que Bulgaria corría a trompicones hacia la occidentalización, huyendo tan rápido como podía de su pasado otomano. Varna es uno de los exponentes más representativos en ese sentido, donde los desfiles militares y las chilabas dejaron paso a festivales veraniegos y extranjeras en bikini.

El sótano se centra en el desarrollo industrial tras el Renacimiento Nacional, con espacio para los artesanos; la planta baja, en los gobernantes y sus apuestas urbanísticas; la superior reconstruye escenas turísticas de la *belle époque*. Hay algunos documentos de valor, aunque apenas información: la guía oficial del museo es una mujer apasionada y enfática que rellena los vacíos con un punto de vista amplio y divertido.

▲ Iglesia de San Nicolás.

❘ JARDÍN MARÍTIMO ✳

La playa está poco integrada en la ciudad, oculta tras una hilera de restaurantes y clubes que conforman una suerte de muro a franquear. Más acogedores son, una altura por encima, los 3 km de espacios verdes que, a partir de los años 20 del siglo pasado, transformaron Varna en la ciudad que es hoy.

La entrada más solemne se hace desde el bulevar Slivnitsa, aunque comenzando a escasos metros de las termas menores se pueden recorrer de pe a pa, para lo cual la bicicleta es una buena idea.

En la primera parte aparecen los **museos** de **Medicina** (en un edificio que merece un vistazo), el **Naval** o el **Acuario**, todos un tanto vetustos pero también descriptivos de la nueva Varna de principios de siglo xx.

Pasado el planetario se llega al acceso principal a los jardines, con el **casino** presidiendo. Más allá aparece un jardín inglés, luego una gran avenida con, a su izquierda, un teatro al aire libre y un parque de atracciones infantil, y a su derecha, el **museo de Historia Natural** y un terrario; al final de la avenida se llega al **Zoo** y más allá se encuentra el **Delfinario** (Actividades, ▶124).

❘ IGLESIA DE SAN NICOLÁS ✳

En el corazón del paseo peatonal Knyaz Boris I, la iglesia del Mar es una de las más antiguas de la ciudad. Está consagrada a San Nicolás el Taumaturgo o Nicolás de Bari, protector de los marineros, lo que explica el gran ancla a la entrada. Sus murales interiores son la razón de la mención, con motivos vegetales y geométricos muy en la línea de los de la catedral, ejecutados en los años 60 del siglo xx.

✉ Knyaz Boris I 35.

❘ GALERÍA MUNICIPAL BORIS GEORGIEV ✳

En la parte norte del bulevar Slivnitsa, cuando deja de ser peatonal, se abre una zona ajardinada donde destaca uno de los mejores edificios de la ciudad, de estilo neogótico, construido en 1885 como escuela. Con decenas de salas elegantes y bien ilu-

✉ Lyuben Karavelov 1.
◎ Ma-do, 10-18 h.
💳 10 lv, jueves gratis.
📞 www.varnacityartgallery.com

▲ Monumento a la Amistad Búlgaro-Soviética.

minadas, además de un auditorio, sirve de escena para festivales y exposiciones, además de como sede permanente de la Galería Nacional, donde, en las plantas superiores, puede verse una buena colección de pintura búlgara del siglo XX. Entre la galería y el museo Arqueológico, destaca la **torre del Ayuntamiento,** construida en 1981 como sede del Partido Comunista.

• • • • • • • • •

🚌 Parada de bus: Povichka. Línea 14 desde la parada frente a la catedral (8 paradas). Líneas 9 y 409 desde el cruce de Maria Luiza con Slivnitsa (6 paradas).

¿Sabías que...?

En 1949 Varna fue rebautizada como "Stalin", nombre que llevaría hasta finales de 1956, cuando Nikita Jrushchov comenzó un proceso de revisión de la historia reciente.

❚ MONUMENTO A LA AMISTAD BÚLGARO-SOVIÉTICA ✳

Sobre una colina de 110 m de altura al noreste del centro, esta mole de hormigón de 23 m de alto y 48 de ancho se dispone a modo de díptico, con cuatro heroicos soldados soviéticos frente a tres sufridas mujeres que representan a Bulgaria. Para llegar a la base hay que salvar más de 300 escalones que se han convertido en uno de los lugares favoritos de los locales para hacer deporte o para tomar unas cervezas mirando al mar. Inaugurado en 1978, aún se puede intuir el pebetero de la llama eterna al soldado desconocido, así como una maltrecha inscripción que realza la unión histórica entre rusos y búlgaros. Parece que el monumento sigue honrando la amistad de los pueblos, aunque ahora de otros: los enormes mástiles a pie de calle han cambiado la bandera de la URSS por la de la UE.

I RETROMUSEUM ✳

Los nostálgicos y curiosos sobre la vida al otro lado del Telón de Acero tienen una cita ineludible con este espacio, el segundo museo más grande de la ciudad, inaugurado en 2015. En la primera planta del centro comercial de la estación de autobuses, rescata objetos de la vida cotidiana entre 1944 y 1989.

Su colección más notable es la de coches antiguos, con más de 60 unidades icónicas producidas en la Unión Soviética o su órbita: Trabant, Volga, Skoda, etc. Pero también hay motos, bicicletas, electrodomésticos, juguetes, revistas, carteles de propaganda, figuras de los líderes supremos… En la taquilla se pueden comprar suvenires simpáticos de la época.

✉ Akademik Andrei Saharov 2, Grand Mall.
🕐 10-21 h, invierno a 20 h.
🗄 15 lv.

I BOSQUE DE PIEDRA ✳

Veinte kilómetros al oeste, las llamadas **Pobiti Kamani** son una extraña formación geológica de origen incierto. La componen cientos de columnas de piedra huecas de distintos anchos y altos, algunas acercándose a los diez metros de altura, que de lejos se podrían confundir con troncos podridos. Las teorías se debaten entre el origen mineral u orgánico, algunas estimando que son antiguos sedimentos submarinos expuestos a la erosión, y otras apostando por un antiguo bosque de especies gigantes. La zona más popular es **Dikilitash** donde, aunque nada impide la entrada, hay una taquilla para pagar y contratar los servicios de guía. Se ha de ir en coche o taxi, y no ofrece sombra alguna.

✉ Km 18 carretera vieja 2, paralela a la A2-E70.
🕐 May-nov: mi-do, 10-19 h; ene-abr: ma-sa, 9-18 h; dic cerrado.
🗄 5 lv.

▼ Bosque de Piedra.

Etnias de los Balcanes

Entre Varna y Burgas se establecía una frontera difusa al norte de la cual había mayoría turca, al sur griega y hacia el interior búlgara, aunque la mezcla era total. La *Carte ethnographique de la Turquie d'Europe* de 1861, realizada antes de las terribles Guerras de los Balcanes, es un buen documento para comprender las tensiones geográficas que las provocaron.

▲ Detalle del monumento de Alyosha.

• • • • • • • • • •

Museo Arqueológico y museo de Historia
🕐 Verano, 10-18 h; invierno 9-17 h.
🎫 6 lv, 9 lv los dos.
🌐 www.burgasmuseums.bg

Costa sur

Bulgaria no es un país que tradicionalmente haya mirado al mar, así que sus costas no son lugares especialmente representativos de la cultura nacional. En cualquier caso, a veces son preciosas y albergan algunos de los pueblos más bonitos del país, con muchas reminiscencias de la cultura griega clásica y de la bizantina medieval. El cabo de Emona o Chernomorest son buenos lugares para darse un baño.

BURGAS   *

La segunda ciudad búlgara del Mar Negro (210.000 habitantes, pronúnciese *burgás)* presume del mayor puerto comercial del país y de un potente nudo de comunicaciones.

El casco viejo no muestra apenas encantos y a su alrededor aún se respira cierto tufo postsoviético. Pero como es un lugar de paso casi ineludible para los que viajan por la costa, vale la pena aprovechar para conocer un puñado de museos sobre la región. Además, tiene una amplia oferta hostelera que mejora a las vecinas Nesebar o Sozopol, siendo recomendable tanto para presupuestos ajustados como para los que quieran servicios de primera.

Al sur, junto a la estación central, nace la calle peatonal más larga y bulliciosa, **Aleksandrovska,** que alcanza el **monumento de Alyosha,** dedicado a los soldados soviéticos caídos en la guerra. Antes de este, a mitad de camino, junto a la oficina de información se puede girar hacia el este por la también peatonal Aleko Bogodiri hasta el paseo marítimo.

Al norte de esta se encuentran los principales atractivos, en torno a otra peatonal, **Georgi Kirkov.** El primero en aparecer es el **museo Arqueológico** *(Aleko Bogoridi 21)*, con un enterramiento tracio junto a la entrada traído desde los montes de Strandzha. Su colección de copias y originales no es demasiado valiosa, pero cuenta con bastante información.

Un poco más al norte, el **museo de Historia** *(Mikhail Lermontov 31)* está orientado a los tiempos modernos, a partir del siglo XVII. A pesar de su tamaño reducido, ofrece bastantes datos sobre el desarrollo de Burgas, el declive del Imperio Otomano y las Guerras Balcánicas, que afectaron especialmente esta región.

NESEBAR (▶36)   ***

MUSEO ARQUEOLÓGICO ✳

El mayor museo local sirve también como pequeña oficina de información donde adquirir billetes combinados. La planta baja muestra hallazgos de entre el siglo III a.C. hasta el XIII d.C., con figurillas de terracota, cerámicas, capiteles y piezas de esculturas clásicas.

El sótano está dedicado a arte sacro de entre los siglos XIII y XIX, con algún icono de la trascendente escuela local y piezas de carpintería de diversos templos. Junto a la taquilla hay una colección de fotografías del casco viejo a principios del siglo XX, cuando todavía se mostraba parcialmente abandonado. Hay poca información traducida al inglés, aunque hay servicio de audioguía en español.

Mesembrija 2, Nesebar.
Verano, lu-do, 9-19 h; primavera y otoño, 9-18 h; invierno, 9-17 h.
7 lv (audioguía 6 lv).
www.ancient-nessebar.com

IGLESIA DE CRISTO PANTOCRÁTOR ✳

Construida durante la primera mitad del siglo XIV, presume de tener una de las decoraciones exteriores más profusas de Nesebar, con composiciones de elementos cerámicos de colores que seguramente evoquen estilos arabescos familiares al español. En el interior hay una pequeña exposición de mapas históricos de Nesebar y la bahía desde el siglo IV hasta el XIX. Cabe destacar, por omisión, las cuatro columnas de mármol que sostenían la cúpula, así como el campanario, maltrecho, que se levantó sobre el nártex.

Mitropolitska 13, Nesebar.
May-oct, 10.30-14 h y 14.30-18 h, con jul-ago a 19 h.
4 lv.
www.ancient-nessebar.com

IGLESIA DE SAN JUAN BAUTISTA ✳

El exterior presenta elementos decorativos muy sencillos a base de ladrillo y argamasa, como cabe esperar de uno de los templos más antiguos de la ciudad, levantado en el siglo X sobre los cimientos de un templo paleocristiano del siglo VI, dato que da más valor a su torre con cúpula. El interior puede decepcionar pues apenas conserva escasos fragmentos de frescos de los siglos XIV y XVII, acompañados de paneles interpretativos.

Mitropolitska, Nesebar.
May-oct, 10.30-14 h y 14.30-18 h, con jul-ago a 19 h.
4 lv.
www.ancient-nessebar.com

◄ Iglesia de San Juan Bautista.

··········

🏛 Aheloj 7, Nesebar.
🕐 May-oct, 10.30-14 h y 14.30-18 h, con jul-ago a 19 h.
🎫 4 lv.
💻 www.ancient-nessebar.com

¿Sabías que…?

Tras la Primera Guerra Mundial, Bulgaria perdió territorio en favor de Serbia, Grecia o Turquía. Así, regiones pobladas mayoritariamente por búlgaros quedaron fuera de las fronteras mientras que otras pobladas por griegos, como es el caso de Nesebar, quedaron del lado búlgaro. Tensiones étnicas provocaron que, en 1925, los gobiernos pactaran intercambios de población, lo que acabó por convertir a Nesebar en una ciudad puramente búlgara.

··········

🏛 Emona 23, Nesebar.
🕐 Bajo demanda.
🎫 4 lv.

··········

🏛 Hemus 2, Nesebar.
🕐 May-oct, 10.30-14 h y 14.30-18 h, con jul-ago a 19 h.
🎫 4 lv.
💻 www.ancient-nessebar.com

··········

🏛 Mesembrija 32, Nesebar.
🕐 Jun-sept, lu-do, 10.30-14 h y 15.30-19 h; oct-may, cerrado (inclusive).
🎫 4 lv.
💻 www.ancient-nessebar.com

I IGLESIA DEL SALVADOR (SV. SPAS) ✱

Pequeño templo de una nave construido en 1609 y consagrado a la Ascensión de Cristo. Conserva frescos del siglo XVII de aspecto algo tosco, aunque ganan interés gracias a un texto en español que permite interpretar la iconografía; cabe destacar las escenas del bautismo de Cristo, su entrada a Jerusalén, la resurrección de Lázaro o la Transfiguración.

I IGLESIA DE SANTA SOFÍA ✱✱

En ruinas pero aún majestuoso, este templo erigido entre la primera mitad del siglo V y finales del VII constituye la foto con más gancho de la península. Con 19 m de largo y 13 de ancho, la antigua sede del metropolita, aún hoy conocida por los locales como la "vieja diócesis", es el monumento religioso más antiguo y de mayor tamaño de Nesebar. Aún se puede observar su imponente estructura de tres naves, aunque no ha quedado nada de sus columnas de mármol ni de los mosaicos que decoraban el suelo.

I IGLESIA DE SAN TEODORO ✱

Con apenas 9 m de largo y poco más de 4 m de ancho, este diminuto templo se levantó en el siglo XIII. El interior apenas conserva parte del iconostasio, así que el espacio se utiliza para la exposición *Nesebar, la perla de la Ortodoxia,* con paneles que ilustran los principales templos locales, ya existan o no. Se encuentra en el extremo oriental de la península, pero puede ser un buen punto de inicio para conocerla. Por ahora no participa en la oferta de entrada combinada.

I IGLESIA DE SANTA PARASKEVA ✱

Inconfundible por su moderna cubierta metálica, es un templo sencillo, de una única nave, erigido en el siglo XIII, que alberga una exposición con murales originales de la extinta iglesia de San Jorge el Viejo, de principios del XVIII, ya que de los propios no conserva ninguno. Sí preserva suelos y muros originales entre los que se puede descubrir materiales reutilizados de viejos templos griegos y romanos: encarando el altar, en la parte superior izquierda se advierte un sillar de mármol blanco que, hace poco, se descubrió que conserva una inscripción dedicada al dios Poseidón.

I MUSEO ETNOGRÁFICO ✱

En este museo se puede encontrar tan solo cuatro pequeñas estancias ubicadas en la primera planta de una casita de madera encantadora de 1840. Están dedicadas al desarrollo de la vieja Nesebar entre los siglos XVIII y XX.

Ofrece abundante información, fotografías, pinturas y una interesante selección de citas contextualizadas que permiten acercarse a la realidad multicultural de esta histórica localidad, a los pescadores y artesanos que la revitalizaron, a sus casi extintos molinos, a su vieja mezquita…

Es evidente que no es tan popular como el Arqueológico ni tan valiosa su colección, pero sí más informativo para recién llegados.

I IGLESIA DE SAN STEFANO ★★★

Esta pequeña basílica de tres naves es uno de los templos más valiosos que se pueden visitar en el país. Se construyó entre los siglos XI y XIII, aunque fue a finales del siglo XVI cuando sus interiores fueron profusamente decorados con frescos que sobreviven hasta hoy y que constituyen el tesoro mejor guardado de la ciudad, a pesar de una iluminación que no les hace justicia.

En estos se encuentran multitud de referencias a la Virgen (en sus orígenes era la iglesia de Santa María) así como a la vida y milagros de Cristo. El nártex, también cubierto de frescos, es un añadido del siglo XVIII en el que cabe destacar la escena del Juicio Final.

En total el templo conserva cerca de 250 pinturas con más de mil figuras que permiten bucear durante un buen rato por la iconografía de la época, acompañadas por otras piezas interesantes como el iconostasio, el púlpito y el reclinatorio de madera, o los viejos capiteles que aún conservan pigmentos originales.

I SUNNY BEACH ★

En radical oposición al casco viejo de Nesebar, la vecina Sunny Beach es una ciudad de vacaciones moderna que se ha levantado en paralelo a una enorme playa de arena fina.

Masificada durante la temporada de verano, es un lugar que han de evitar los que vayan en busca de calma y encantos monumentales, aunque su oferta lúdica es una de las mejores de todo el país: casinos, varios parques de atracciones, alquiler de embarcaciones de recreo, decenas de clubs nocturnos, zonas nudistas…

SOZOPOL ★★★

Aunque no alcanza la categoría de Patrimonio de la Humanidad que sí ostenta la vecina Nesebar, son muchos los que prefieren esta localidad menos masificada, con buenas playas de arena y mejor oferta de establecimientos hoteleros. La antigua *Apolonia* no conserva tanto patrimonio, pero tiene un casco encantador con callejones empedrados donde cre-

⊠ Ribarska 117, Nesebar.
⊙ Oct-may, 9-17 h; may-jun y sep, 9-18 h; jul-ago 9-19 h.
⊜ 7 lv.
❍ www.ancient-nessebar.com

¿Sabías que…?

El relato búlgaro de su arquitectura del Renacimiento Nacional se tambalea cuando, en esta ciudad fundamentalmente griega hasta hace un siglo, se catalogan construcciones como "renacentistas". La razón es que el movimiento se inspirada, en los típicos *chardak*, construcciones tradicionales comunes en todos los Balcanes y el Mar Negro, a menudo con una base de piedra a modo de granero y una superior de madera como vivienda.

▲ Sozopol es una de las ciudades más visitadas de la costa búlgara por sus playas y su bonito casco antiguo.

Museo Arqueológico
✉ Khan Krum 2.
⊙ Verano: 9-18 h; invierno: lu-vi 8.30-12.30 y 13.30-17 h.
💳 7 lv.

Museo Etnográfico
✉ Kiril i Metodiy 34.
⊙ Verano: 9-18 h; invierno: lu-vi 8.30-12.30 y 13.30-17 h.
💳 4 lv.

Galería de Arte
✉ Kiril i Metodiy 63.
⊙ Verano: 9-18 h; invierno: lu-vi 8.30-12.30 y 13.30-17 h.
💳 3 lv.
ⓘ Los tres museos comparten la web: sozopol-museums.bg

cen higueras y emparrados, y que se asoman a los pequeños acantilados repartidos por la península.

Llegando desde el puerto (próximo a la estación de autobuses), lo primero en aparecer es el **museo Arqueológico,** una construcción algo desafortunada pero con una buena colección de piezas desde el quinto milenio a.C.; su tesoro es el pequeño cofre de alabastro donde se conservaron las reliquias de San Juan Bautista. Avanzando aparece reluciente la **iglesia de Cirilo y Metodio,** un templo moderno donde se exponen permanentemente las reliquias en sí.

Junto a esta, hacia el norte aparecen las **ruinas de la iglesia de San Nicolás el Milagroso,** integradas en los restos del muro sur de la vieja fortaleza, donde se han encontrado vestigios de entre los siglos VI a.C. hasta el siglo XVII d.C., si bien la península parece haber estado poblada desde el sexto milenio a.C. Mientras no aparezca una oficina de turismo, los paneles que hay junto a esta son la mejor introducción a la ciudad. Desde aquí se puede avanzar por un estrecho paseo que recorre la costa bajo la antigua muralla, casi al completo ocupado por restaurantes de terrazas encantadoras. A unos 400 m aparece la zona que mejor se conserva y en la que a veces se organizan exposiciones.

Otra opción es tomar la pintoresca **calle Kiril i Metody,** paralela por el interior, que se adentra en el casco viejo. Una de sus construcciones más atractivas es el **museo Etnográfico,** en una casa típica del Mar Negro, de principios del siglo XIX, cuyos tallados son incluso más interesantes que la propia exposición, con un puñado de trajes regionales y aperos de labranza.

Al final de la calle, en un edificio clasicista aislado (la antigua escuela) se ubica la **galería municipal,** que ofrece exposiciones temporales.

Tras esta no hay que perder la posibilidad de asomarse al **cabo Skamni,** donde además de haber vistas de la bahía y la isla, aderezan el paisaje los **restos de la basílica del monasterio de los Apóstoles,** construida en el siglo XII y desaparecida en el XVII. Un poco más allá del ábside se pueden ver restos de una construcción menor que, recientemente, se ha descubierto era un santuario griego del siglo VI a.C. consagrado a Demetrio y Perséfone.

Tras el cabo, la calle Kiril i Metody gira a la izquierda y pasa a llamarse **Morski Skali,** también con construcciones interesantes, si bien su mayor atractivo es el paseo junto a los acantilados. Al poco se alcanza la vieja **puerta de San Iván,** una pequeña sección del viejo muro de defensa con vistas a la isla, cuyo principal interés es que da acceso a una zona de baño pintoresca, con una calita de piedra y algunas piscinas naturales, y donde el oleaje es mucho más fuerte que en la bahía.

La misma Morski Skali vuelve a la zona del puerto, aunque es más interesante regresar por **Anaksimandar** para alcanzar la curiosa **iglesia de la Nuestra Señora (**Успение Богородично**),** un templo construido entre los siglos XV y XVII, parcialmente excavado bajo tierra, con un patio ajardinado encantador e interiores interesantes, especialmente en su abigarrado iconostasio, con muchas filigranas, pan de oro y pinturas de los siglos XVIII y XIX.

La paralela a Anaksimandar por el este, **Apollonia,** es el paseo principal y más animado del casco viejo, especialmente alrededor de las ruinas de una vieja villa helenística reconvertida en templo cristiano y de la más moderna **iglesia de San Jorge Mártir.** Fuera del casco no hay mayor interés que las **playas:** la **central,** visible desde el mismo, y la de **Harmanite,** un poco más al sur, mucho mayor aunque con menos encanto.

ISLA DE SAN IVÁN

La isla que aparece 1 km al noroeste de Sozopol esconde una historia fascinante. A finales del siglo XX unas excavaciones revelaron los restos de un templo del periodo helenístico, dedicado al dios Apolo, sobre el que se había erigido, en el siglo IV, un templo cristiano y después un monasterio que funcionó hasta 1629.

En 2010 se descubrió un cofre de alabastro con restos humanos y una inscripción en griego que indicaba eran unas **reliquias de San Juan Bautista.** Al menos de momento no es una excavación abierta al público, aunque los interesados quizá encuentren en el puerto a algún marinero "buscavidas" que les lleve.

GASTRONOMÍA

Clima, agua y suelo proporcionan verduras de primera, omnipresentes ya sea como guarnición o plato principal, a menudo rellenas, gratinadas o rebozadas. También frutas frescas y frutos secos excelentes y baratos que se comen como aperitivo, en salsas y en postres. La carne de cerdo es la más habitual, pero los guisos tradicionales suelen valerse del cordero, siendo el pescado residual. Conserva matices eslavos, pero la gastronomía búlgara tiene mucho más que ver con la turca o la griega: especias y pinchos de carne a la brasa; aceitunas, quesos salados y ensaladas frescas…

▌ ¿Cuál fue el primer yogur?

Los pueblos nómadas de Tracia acostumbraban a transportar leche fresca en sacos de piel de cabra que, con el calor y al entrar en contacto con bacterias, fermentaba. Con el siguiente rellenado, los residuos garantizaban que se repitiera el proceso hasta que la leche fermentada se convirtió en un producto de consumo habitual. Sus propiedades beneficiosas ya se intuían en la Antigüedad, pero no fue hasta principios del siglo XX cuando se comprobó que protegían la flora intestinal.

▌ Lácteos

El país que presume haber descubierto la bacteria del yogur (el *lactobacillus bulgaricus),* los lácteos son religión. Es habitual que haya buen **yogur casero** *(damáshno kíselo mliáko)* en los restaurantes de los pueblos, al que se puede añadir miel *(med)* o frutos del bosque *(iágodi).* Los **quesos** también están muy presentes en las recetas: el *sirene* es blanco y bastante salado, similar al feta; el *kashkaval* es amarillo, más suave, que a veces se come frito *(pane).* Un queso genuino es el *cherni vit,* de textura suave y sabor fuerte, cubierto por una característica capa de moho verde, aunque no es fácil de encontrar.

Un **desayuno tradicional** puede constar de una *banitsa,* un bollo circular hecho de masa hojaldrada con trozos de queso *sirene,* que se puede acompañar con un *ayran,* una bebida no alcohólica hecha de leche, yogur y sal. También se puede desayunar *mekitsa,* masa frita de harina, huevo, levadura y yogur.

▌ Entrantes

El pan típico de los Balcanes es la *parlenka,* una especie de pita muy fina que se sirve tostada con especias, ajo o queso, y que se utiliza para acompañar a los entrantes típicos de los Balcanes: la *lutenitsa* es una especie de asadillo, con tomate, pimientos, ajo, zanhaoria, sal y azúcar; el *katak* es una salsa densa de yogur, queso, ajo y especias; el *kyopolou* es una pasta de berenjena y pimientos asados condimentados; el *tarator* es una salsa de yogur y pepino como el *tzatziki* griego, pero en verano se suele tomar más líquida como sopa fría.

La *topenitsa* puede ser simplemente pimientos o tomates con yogur y queso, pero que se puede complicar con huevo y hasta carne. Muy típica es la ensalada *shopska,* con pepino, pimiento, tomate, ce-

bolla, aceitunas y queso *sirene* rallado. La *lukanka* es el embutido más típico, un salchichón de sabor fuerte.

▮ Principales

Son fundamentalmente carnívoros, con muchas piezas **a la brasa** *(na skara)*. Cabe destacar la *kavarma,* un asado de carne y verduras a menudo presentado en una sartén o fuente de barro; el *guiuvech,* un plato similar pero estofado; el *kebapche,* piezas de carne picada especiada a la brasa con forma de salchicha; la *musaka,* una lasaña con berenjena en lugar de pasta; la *kapama,* un guiso a base de col y carne; las *kyufte,* albóndigas; la *bob chorba,* un potaje de judías; la *shkembe chorba,* una sopa de callos de oveja; o las *zelevi sarmi,* unos rollos de hojas de col rellenos de carne, arroz o verduras.

El **pescado** tiene poco protagonismo, normalmente a la brasa o rebozado. Se pueden ver asadores de truchas *(pusturva)* en las riberas de los ríos de montaña. En la costa sí está más presente, con piezas por lo general de tamaño reducido como el jurel *(safrid),* parecido al boquerón, la dorada *(tsipura),* la lubina *(lavrak),* el tiburón *(akula),* el rodaballo *(kalkan),* pequeños pero sabrosos calamares *(kalmar)* y aún más pequeños mejillones *(midi),* gambas *(skarida)* y pulpos *(oktopod).*

▮ Postres

El dulce más célebre deja ver la influencia gastronómica turca: la *baklava,* una especie de hojaldre, aunque mucho más denso, hecho a base de frutos secos y bañado en miel. Los más habituales tienen pistacho, pero hay decenas de variedades. Destaca también el *tikvenik,* un pastelito de calabaza, o los *tolumbichki,* una especie de churritos bañados en miel.

▮ Vinos

De entre las variedades oriundas, la más destacable es la mavrud, que se cultiva casi en exclusiva al norte de los Ródopes y da lugar a los mejores tintos del país. La más extendida es la dimiat, con la que se producen vinos blancos aromáticos.

Pero la más curiosa es la melnik, cultivada en el extremo suroeste del país. Otra variedad "local" llamada *rubin,* un cruce de nebbiolo y syrah. En cualquier caso, la mayoría de la producción se centra en variedades extranjeras como el chardonnay, el merlot, el cabernet sauvignon o el moscatel.

Algunas de las bodegas más interesantes son Todoroff, Minkov Brothers, Katarzyna State, Logodaj, Damyanitsa, Bessa Valley o Menada.

10

Lugares
indispensables

El Parque Nacional de Timanfaya

1

Al suroeste de Lanzarote se extiende uno de los cuatro parques nacionales con los que cuenta el archipiélago canario, el único de las islas orientales, creado para proteger el paisaje volcánico que se formó con las erupciones del siglo XVIII en la isla.

El padre Curbelo, párroco de la localidad de Yaiza, dejó testimonio escrito del "ruido infernal y desgarrador que sacudió todo el pueblo" el 1 de septiembre de 1730. La tierra se abría en profundas grietas desde las que se elevaban columnas de fuego de varios centenares de metros. Así lo describía el párroco: "En la primera noche una enorme montaña se elevó del seno de la tierra y del ápice se escapaban llamas que continuaron ardiendo durante nueve días. Pocos días después, un nuevo abismo se formó y un torrente de lava se precipitó sobre Timanfaya, sobre Rodeo y sobre una parte de Mancha Blanca. La lava se extendió sobre los lugares hacia el norte, al principio con tanta rapidez como el agua, pero bien pronto su velocidad se aminoró y no corría más que como la miel (…). El 11 de septiembre la erupción se renovó con más fuerza,

▼ Timanfaya abarca enormes extensiones de lava y cenizas volcánicas que se pueden apreciar en un recorrido en guagua por la Ruta de los Volcanes.

y la lava comenzó a correr. De Santa Catalina se precipitó sobre Mazo, incendió y cubrió toda esta aldea y siguió su camino hasta el mar, corriendo seis días seguidos con un ruido espantoso y formando verdaderas cataratas. Una gran cantidad de peces muertos sobrenadaban en la superficie del mar, viniendo a morir a la orilla. Bien pronto todo se calmó, y la erupción pareció haber cesado completamente".

La erupción duró varios meses, y a principios de 1732 alcanzó tal intensidad y extensión que los vecinos tuvieron que marcharse, guiados por el propio padre Curbelo, y refugiarse en la isla de Gran Canaria. Como resultado de aquella brusca actividad de la naturaleza la isla aumentó de superficie en una tercera parte y se formó el sorprendente paraje que hoy se encuentra protegido bajo la figura de Parque Nacional de Timanfaya, reconocido también por la Unesco, desde 1993, como Patrimonio Mundial.

Los cráteres y los ríos de lava sepultaron las antiguas vegas de Timanfaya y Los Miraderos. Unos productivos valles repletos de cultivos se convirtieron en un mar de lava negra, en un paisaje apocalíptico. Pequeñas aldeas y granjas quedaron enterradas bajo la lava. Y aún entre julio y septiembre de 1824 tuvieron lugar otras erupciones que abrieron tres nuevos cráteres, cuya lava se superpuso a la que anteriormente había ganado terreno al mar. Nunca hubo, pese a todo, víctimas humanas.

Info

Parque Nacional de Timanfaya Centro de Visitantes de Mancha Blanca
✉ Ctra. Tinajo-Yaiza, Km 11,500. Tinajo.
☎ 928 118 042.
🖥 www.miteco.gob.es
🕐 Todos los días, de 9 h a 16 h.
ℹ Informan sobre rutas de senderismo: Tremesana y Litoral.

Museo-Punto de Información (Echadero de los Camellos)
✉ Ctra. de Yaiza a Tinajo (LZ 67), km 4.
☎ 699 946 819
🖥 https://yaiza.es
🕐 Todos los días, de 9 h a 15 h.
🗄 Ruta en dromedario: 11 € por persona.
ℹ Duración: 20-25 min.

Ruta de los Volcanes. Montañas de Fuego
☎ 928 173 789.
🖥 https://cactlanzarote.com
🕐 Todos los días, de 9.30 h a 15.45 h (última visita).
🗄 Adultos 20 €.
Acceso por el Taro de entrada, ctra LZ 67.
Duración: unas 2.30 h.

Fruto de todo ello, el sector suroeste de Lanzarote disfruta hoy de diversas figuras de protección. Como antesala al parque nacional, y envolviéndolo como un anillo circundante, se extiende el Parque Natural de los Volcanes, una interminable extensión de coladas históricas y lapilli, un fantástico preludio al parque nacional.

Timanfaya fue declarado parque nacional en 1974 y abarca una superficie de 5.107 ha. En su interior pueden verse más de 25 cráteres alineados sobre una línea de fractura de la placa africana. Los principales volcanes se hallan en la parte central de esta línea, entre la montaña de Timanfaya y la montaña Rajada, al este del parque. El conjunto conforma un paisaje árido, sin apenas vegetación, de insólitos contrastes cromáticos y, por supuesto, con sorpren-

▶ Las Montañas del Fuego o Timanfaya forman parte de una amplia zona afectada por las erupciones volcánicas acaecidas en Lanzarote entre 1720 y 1736, y en 1824. Se trata del único Parque Nacional de la red española de carácter eminentemente geológico.

dentes formaciones volcánicas, un paisaje inhóspito, infernal, tal como resume perfectamente la figura del diablo que se escogió como logotipo del parque.

La visita a Timanfaya permite contemplar enormes campos de lava y cenizas, profundas calderas, cuevas formadas por las burbujas de aire, fantasmagóricas formaciones creadas por la lava al enfriarse, grandes cráteres no activos, muestras de hidrovulcanismo en El Golfo (con un lago de color verde), la insólita participación del mar en Los Hervideros, e incluso géiseres artificiales.

En el parque también se halla una de las tantas creaciones de César Manrique en la isla, el restaurante -mirador El Diablo, que como todas las obras del artista se halla perfectamente integrado en el peculiar paisaje.

César Manrique

2

César Manrique es, no cabe duda, el más universal de los artistas lanzaroteños. La mayor parte de su obra se halla en su tierra natal, donde Manrique trabajó en perfecta simbiosis con el singular paisaje de la isla, hasta tal punto que ha llegado a decirse que la mejor obra de Manrique es Lanzarote.

«Cuando regresé de Nueva York, vine con la intención de convertir mi isla natal en uno de los lugares más hermosos del planeta, dadas las infinitas posibilidades que Lanzarote ofrecía». Tal declaración de intenciones podría resultar *a priori* un tanto sorprendente: en un marco natural tan excepcional como es la isla de Lanzarote, repleta de elementos naturales de una belleza espectacular, ¿puede alguien intentar convertir la isla en algo aún más hermoso sin con ello alterar su esencia? Pues sí, hoy podemos decir que Manrique logró lo impensable: embellecer la belleza.

Resulta difícil encorsetar la obra de Manrique dentro de corrientes artísticas e incluso de técnicas empleadas. Es un artista tan singular como la tierra en la que nació y el paisaje en el que trabajó. Pero sí puede hablarse de una característica que lo define plenamente: no hay otro artista español cuya obra esté tan íntimamente relacionada con la

▼ Patio de la Casa del Volcán, que acoge la Fundación César Manrique en Tahíche.

naturaleza. César Manrique consiguió cincelar sobre el entorno natural una obra en perfecta simbiosis y equilibrio con el escenario en el que trabajaba. Interpretó como nadie la belleza y el valor del espacio que le envolvía, y plasmó en él su genial imaginación. Su legado se extiende por toda España y su prestigio traspasó fronteras, pero es en Lanzarote donde hay que ir a buscar las mejores creaciones de este artista.

Manrique se sentía fascinado por la singularidad del paisaje volcánico lanzaroteño, el mismo que otros consideraban desértico, árido e inhóspito; para él, esa naturaleza volcánica era sinónimo de belleza, y desde el respeto, la admiración y la gratitud hacia ese entorno en el que había crecido, elaboró su trabajo.

Él se definía a sí mismo como un pintor, pero lo cierto es que Manrique fue igualmente escultor, arquitecto, urbanista, paisajista… y también ecologista y conservador de monumentos. Manrique fue todo esto, y esto es lo que pone de manifiesto en toda su labor. Además, su relación con el entorno no fue simplemente estética, sino de un verdadero y ejemplar compromiso con la defensa del medio ambiente.

Su primera obra en Lanzarote, y quizás la más espectacular, fue la gruta de los Jameos del Agua, con la creación de un auditorio natural perfectamente integrado en una caprichosa formación volcánica. Su belleza, su calidad estética, sus contrastes de luz y colores… la convierten en un trabajo universal-

Info

Casa del Palmeral
Casa-Museo César Manrique (CMCMH)
✉ Elvira Sánchez, 30. Haría.
☎ 928 843 138.
🖥 https://fcmanrique.org
🕐 Todos los días, de 10.30 h a 17.30 h.
🎫 Casa-Museo: 10 €. Casa-Museo + Fundación César Manrique: 17 €.

Info

Casa del Volcán
Fundación César Manrique
✉ Jorge Luis Borges, 16. Taro de Tahíche.
☎ 928 843 138.
🖥 https://fcmanrique.org
🕐 Todos los días, de 10.30 h a 17.30 h.
🎫 Fundación: 10 €. Fundación César Manrique + Casa-Museo: 17 €.

▼ Los Jameos del Agua, primera intervención de Manrique en la isla (1968).

Info

Jardín de Cactus
- Guatiza (Teguise).
- 928 848 484.
- https://cactlanzarote.com
- Todos los días, de 10 h a 17 h.
- Adultos: 8 €.
  Niños: 4 €.
- Tiempo aprox. visita: 1.30 h.

Info

Mirador del Río
- 928 848 484.
- https://cactlanzarote.com
- Todos los días, de 10 h a 17 h.
- Adultos: 8 €.
  Niños: 4 €.
- Tiempo aprox. de la visita: 45 minutos.

▼ Mirador del Río, otra de las obras de César Manrique realizadas en Lanzarote.

mente admirado. Esta obra puede resumir en gran medida lo que Manrique realizó durante toda su vida: componer espacios en los que la aportación humana quedara armoniosamente integrada en el entorno natural, ensalzando su belleza y sus valores.

El Mirador del Río, magistralmente integrado en los acantilados del norte de la isla, es otra de sus más espectaculares actuaciones en Lanzarote. Su propia casa, en el Taro de Tahíche, es quizás la obra que mejor representa los ideales personales y artísticos de Manrique: expresa su anhelo de vivir con la lava, consiguiendo un ejemplo excepcional de integración de una vivienda en la naturaleza, y configurando un oasis en medio de un río de lava azul-negra. En la actualidad la casa es sede de la Fundación César Manrique, una institución creada en 1992 con voluntad de promocionar el estudio y la difusión de la obra de Manrique, así como la actividad artística y cultural que favorezca el respeto al medio natural.

El Monumento al Campesino, el restaurante-mirador de Timanfaya, el Jardín de Cactus… son otras de sus obras que pueden conocerse en Lanzarote. Pero Manrique también dejó un importante legado fuera de su isla natal: de entre sus trabajos espaciales destacan el espectacular mirador de La Peña (en El Hierro), el mirador de Palmarejo (en La Gomera), el Parque Marítimo de Puerto de la Cruz (en Tenerife), el Centro Comercial La Vaguada (en Madrid) y el amplio Parque Marítimo del Mediterráneo (en Ceuta).

El archipiélago Chinijo

3

Cuando se habla del archipiélago canario se suele pensar en sus siete islas habitadas, y generalmente queda en el olvido que hay una octava con población permanente: La Graciosa. Es la principal de un grupo de islas e islotes que se esparcen al norte de Lanzarote.

L os lanzaroteños gustan de utilizar la palabra *chinijo* para referirse a algo pequeño o a los niños. Sin duda, es también por cuestión de tamaño que el conjunto de islotes que se hallan al norte de Lanzarote recibe el cariñoso nombre de archipiélago Chinijo. Lo conforman las islas mayores de La Graciosa, Alegranza y Montaña Clara y los islotes de Roque del Este y Roque del Oeste.

Todas ellas se asientan sobre una plataforma submarina que no alcanza los 100 m de profundidad de promedio, y La Graciosa, la más cercana a Lanzarote, queda separada de esta por un espacio de mar tan estrecho que recibe el significativo nombre de El Río. Precisamente, desde el Mirador del Río, en la costa norte lanzaroteña, La Graciosa se contempla como un insulso roquedo de tonos marrones y ocres que contrasta con el intenso azul del mar; no aparenta desde allí mayor interés, pero se equivocará el viajero que se limite a esta observación desde lejos.

Una estancia en Lanzarote debe tener como uno de los objetivos prioritarios la visita a este diminuto archipiélago, cuando menos a la isla de La Graciosa. El mayor valor de sus 29 km² radica en que permite disfrutar de una naturaleza volcánica en estado puro, sin asfalto, sin coches, sin grandes edificios, sin aglomeraciones turísticas… tan solo con un par de diminutos núcleos de población (Caleta del Sebo y Pedro Barba), varios senderos para recorrer a pie y algunas bellísimas playas de arena rubia. Un paraíso.

Dado su interés natural, y la imperiosa necesidad de que se conserve sin agresiones, el conjunto fue declarado parque natural en 1986, con la peculiaridad de que la zona protegida abarca tanto el espacio terrestre de las islas como el marítimo que lo rodea, e incluso los espectaculares acantilados de Famara, ya en la isla de Lanzarote.

Esta extensión, pero también la gran cantidad de especies animales y vegetales que allí habitan, hacen de la zona el espacio natural protegido marítimo-terrestre más importante de Canarias. En los espacios terrestres del parque los botánicos

Info

Líneas Marítimas Romero
Órzola-La Graciosa
928 596 107.
www.lineasromero.com
Salidas desde las 8.30 h.
Duración: unos 25 min.
Ida/vuelta adulto: 28 €.

Biosfera Express
Órzola-La Graciosa
928 842 585.
https://biosferaexpress.com
Salidas desde las 8 h.
Duración: unos 25 min.
Ida/vuelta adulto: 28 €.

Info

Parque Natural Marítimo-Terrestre Archipiélago Chinijo
✉ Proa, 1. Caleta del Sebo. La Graciosa.
☎ 928 842 073.
🌐 https://turismolanzarote.com

▼ La Graciosa y otras islas del Archipiélago Chinijo.

han catalogado una sorprendente cantidad de especies endémicas, autóctonas y amenazadas, muy especialmente en los inaccesibles riscos de Famara. Especies como el águila pescadora (el *guinche* para los lanzaroteños) o el alimoche (*guirre*) tienen aquí un importante refugio. Y también las aguas del archipiélago Chinijo presentan la mayor diversidad de especies de flora y fauna marina de Canarias. De hecho, para los aficionados al buceo, una inmersión en estas costas, con sus fondos rocosos y sus praderas de algas, constituye una experiencia excepcional. Lamentablemente, y a pesar de su protección, problemas como la sobreexplotación marisquera, la caza furtiva o el exceso de fondeo de barcos siguen hoy poniendo en peligro el equilibrio que sustenta la biodiversidad de la zona.

Aunque se conoce que ya habían recalado en estas islas numerosos pueblos (fenicios, romanos, genoveses y normandos), no fue hasta el siglo XIX

cuando se asentaron definitivamente en ellas sus primeros habitantes. Hoy, los censos de población indican que el pequeño núcleo portuario de Caleta del Sebo, en la isla de La Graciosa, cuenta con unos 720 habitantes. Tradicionalmente su sustento se basaba en el aprovechamiento de los recursos naturales, fundamentalmente la pesca, pero actualmente la actividad económica que proporciona mayores recursos a los habitantes del archipiélago es el turismo. Posee un puerto que comunica la isla con la localidad lanzaroteña de Órzola.

La Geria. El paisaje vinícola de Lanzarote

Con una producción más bien modesta, los vinos de Lanzarote no son muy conocidos en la Península. En cambio, la forma en que se cultivan las vides, el paisaje vinícola de la isla, es tan singular que genera algunas de las estampas más representativas no solo de Lanzarote, sino incluso del conjunto del archipiélago canario.

4

En una tierra de clima árido, que recibe muy escasas precipitaciones (unos 150 mm anuales), con constantes vientos alisios que dañan las plantas y un suelo sobre el que en ocasiones incluso andar es complicado, se hace difícil pensar que alguien

▼ Viñedos de La Geria.

haya sido capaz de cultivar viñas y producir vinos, y más aún que estos hayan conseguido alcanzar un reconocimiento por su calidad. "El viñedo de lo imposible" se ha llegado a definir a la isla, que sin duda por todos los inconvenientes que presenta fue la última de las islas Canarias en incorporar el cultivo de la vid.

Pero los lanzaroteños lograron esquivar todas las incomodidades que les imponía la naturaleza y consiguieron lo que parecía imposible, hasta tal punto que en el siglo XVI el vino era el principal

LA GERIA.
EL PAISAJE VINÍCOLA DE LANZAROTE

Info

Bodegas en el Consejo Regulador de la DO Vinos de Lanzarote

✉ Bodega Cohombrillo 4/24
 Bodega El Morro
 Bodega Erupción S.L.
 Bodega Generación 63
 Bodega Jable de Tao
 Bodega José Miguel
  Morales Morín
 Bodega La Geria
 Bodega Rocanegra
 Bodega Titerok Akaet
 Bodega Valle de Malpaso
 Bodega Volcán del Sol
 Bodega Vulcano
 Bodegas El Grifo
 Bodegas Guiguan
 Bodegas La Florida
 Bodegas La Grieta
 Bodegas Los Bermejos
 Bodegas Martinón
 Bodegas Mochai
 Bodegas Reymar
 Bodegas Rubicón
 Bodegas Stratvs
 Bodegas Tierra de Volcanes
 Bodegas Timanfaya
 Bodegas Vega de Yuco
 Finca Fajardo
 Producciones Arráez Bravo
 Tinajo Natural LN

📍 https://dolanzarote.com

producto de exportación de la isla. Y curiosamente Lanzarote cuenta hoy con la bodega más antigua del archipiélago canario, El Grifo, que elabora vinos desde 1775. Al parecer, fueron los primeros colonizadores normandos, poco después de la conquista, quienes trajeron desde Francia las primeras vides a la isla, y a finales del siglo xv, con el descubrimiento de América, se intensificó su cultivo para suministrar vino a las naves que partían hacia el nuevo continente.

Los isleños tuvieron que agudizar su ingenio, buscar soluciones a los problemas, amoldarse a los requerimientos del clima y los suelos. Todo ello supuso la formación de un paisaje vinícola sorprendente, excepcional, no solo de enorme valor etnográfico y cultural, sino también de una indiscutible belleza estética.

La viña se planta aquí sobre una capa de negra ceniza volcánica o *lapilli,* llamada picón en Canarias, cuyo grosor varía entre los 20 cm en el norte de la isla y los 2 m en el centro. Esto obliga a cavar grandes hoyos en forma de cono invertido para que la cepa pueda superar esta capa y hundir sus raíces en el terreno que se encuentra debajo. El cultivo es, pues, muy costoso y obligatoriamente manual. El picón absorbe la humedad nocturna y la traspasa

▶ El singular paisaje de La Geria ofrece una amplia extensión de cráteres creados de manera artificial para que la cepa pueda hundir sus raíces bajo la capa de *lapilli,* y así poder retener la humedad necesaria para su cultivo.

al terreno, a la vez que impide la evaporación. Es la forma de hacer frente a la ausencia de aportes de agua. Además, para proteger a la planta de los abrasadores vientos saharianos se rodea con unos muros semicirculares de piedra volcánica, de unos 70 cm de altura.

Así, las plantaciones conforman largas extensiones de pequeños hoyos o cráteres en cuyo interior asoma la viña. El verde de la planta en contraste con el color negro-violeta del terreno acaba de otorgar personalidad a un paisaje fascinante, único en el mundo.

El ámbito territorial de la Denominación de Origen Lanzarote se extiende por toda la isla, ya que de hecho pueden verse de forma intermitente cultivos de viña en muy diversos puntos de Lanzarote. Pero, sin duda, es en la región de La Geria, en el centro de la isla, donde se concentran las mayores y más espectaculares extensiones de este singular paisaje vinícola, y también donde se realiza la mayor producción de vino. Este extenso mar de cenizas volcánicas salpicadas de verdes viñas ha sido catalogado como Paisaje Protegido. Se extiende entre los municipios de Tinajo, Teguise, San Bartolomé, Tías y Yaiza. No hay que dejar Lanzarote sin haberlo conocido.

Info

**Museo del Vino El Grifo
Bodegas El Grifo**

✉ Ctra. Teguise-Uga (LZ 30), km 11. Lugar de El Grifo. San Bartolomé.

☎ 928 524 036.

🖥 https://elgrifo.com

🕐 De lunes a viernes, de 10.30 h a 18 h.

🎧 Visita con audioguía adultos: 15 €. Incluye la degustación comentada de dos vinos.

Los Jameos del Agua

5

Es uno de los espacios más singulares y emblemáticos de Lanzarote, que aúna tres grandes atractivos: una curiosa formación volcánica, la primera intervención arquitectónica de César Manrique en la isla y una sorpresa relacionada con el mundo animal que no puede verse en ningún otro lugar del mundo.

Un jameo es una formación volcánica que se crea al derrumbarse el techo de un túnel o tubo formado por una colada de lava, lo que suele suceder cuando el tubo sobrepasa los 20 m de anchura o bien cuando los gases acumulados producen una explosión. Este derrumbe genera una oquedad circular (el jameo) en el techo del túnel que permite el acceso a su interior.

En el noreste de Lanzarote, al pie del volcán de la Corona, cuya última erupción tuvo lugar hace unos tres mil años, se halla uno de los sistemas de tubos volcánicos más extensos del mundo. En algunos de ellos su techo se ha precipitado y ha formado diversos jameos. Los más famosos son los Jameos del Agua, un conjunto formado por tres jameos o aberturas en el terreno: el Jameo Chico, el Jameo Grande y el Jameo de la Cazuela.

Visitar el jameo significa, pues, bajar hasta el interior de una cueva formada por la lava del volcán. Pero, más allá de este interés geológico, que ya de por sí puede generar una gran curiosidad, los Jameos del Agua permiten también conocer una de las mejores intervenciones arquitectónicas de César Manrique, la primera que realizó en la isla, en 1968. Como en toda su obra, Manrique consiguió integrar a la perfección su trabajo artístico con la belleza natural y la singularidad del lugar, sin alterar su esencia, hasta tal punto que los elementos que él incorporó, como la piscina o el jardín, ya forman parte indisociable de este paisaje natural.

Una escalera serpenteante permite descender primero hasta el Jameo Chico para conectar después con el Jameo Grande, de 100 m de largo por 30 de ancho, donde se hallan el refrescante jardín y la piscina diseñados por Manrique. Junto a ellos, y aprovechando los enormes huecos de las rocas, se han construido dos bares y unas pistas de baile. Al final del Jameo Grande, en el extremo orientado hacia el volcán de la Corona, se abre una sala de conciertos de planta oblicua, de singular arquitec-

Info

Jameos del Agua
- ✉ Ctra. de Órzola. Haría.
- ☎ 928 848 484.
- 🌐 https://cactlanzarote.com
- 🕐 Todos los días, de 10 h a 18 h (última entrada: 17.15 h).
- 💶 Entrada adultos: 15 €. Entrada niños: 7,50 €.
- ℹ Tiempo estimado visita: 1 h.

Noches de Jameos del Agua
- ☎ Reservas: 928 848 484.
- 🕐 Viernes desde 18.30 h.
- ℹ Restaurante ubicado en la gruta volcánica y un auditorio con capacidad para 550 personas. Aparcamiento gratuito en el exterior.

▲ Interior de los Jameos del Agua.

tura y sorprendente acústica, en la que se realizan conciertos y actuaciones de teatro y ballet.

Entre estos dos jameos se halla el que quizás es el espacio más interesante del conjunto, y también el que está menos intervenido por la actuación artística de Manrique: bajo la cúpula del tubo volcánico existe una surgencia de agua salada que da lugar a un diminuto lago de aguas transparentes. Es en este pequeño lago donde puede verse el elemento más singular de los Jameos del Agua, en este caso un ser vivo que se ha convertido en el verdadero símbolo del lugar. Se trata de unos pequeños cangrejos, los *jameítos,* de apenas un centímetro de longitud, que pertenecen a una especie endémica, única en el mundo. Su adaptación durante milenios a la falta de luz bajo la cueva volcánica explicaría que se trate de animales ciegos, albinos (han perdido su color rosado y son completamente blancos), muy sensibles al ruido (hay que acceder a la cueva en silencio), al movimiento, a la luz o a cualquier cambio en la laguna. Incluso el óxido que se genera con la tan extendida costumbre de los turistas de tirar monedas al agua (algo hoy absolutamente prohibido) llega a ser una amenaza para su existencia.

La Cueva de los Verdes

"Y en su interior tiene antros maravillosos, que parecen hechos por mano maestra, y con parajes ásperos y difíciles que no se pueden franquear sin luz. Algunos conocedores dicen que dentro tiene un río secreto, que corre con gran ímpetu y que muy pocos conocen. También tiene otra salida, que responde al mar, por la cual los hombres y las mujeres que se amparan allí, pueden salir y embarcar."

LEONARDO TORRIANI,
Descripción de las Islas Canarias, 1590

Info

Cueva de los Verdes
- ✉ Malpaís de la Corona. Haría.
- ☎ 928 848 484.
- 🖰 https://cactlanzarote.com
- 🕐 Todos los días, de 10 h a 16.45 h.
- 🚪 Entrada adulto: 15 €.
  Entrada niños: 7,50 €.
  Solo compra online.
- ℹ Tiempo aprox. visita: 50 minutos.

Situada al norte de Lanzarote, muy cerca de los famosos Jameos del Agua, la Cueva de los Verdes también forma parte del extenso sistema de tubos volcánicos subterráneos que se crearon con la erupción del volcán de la Corona, en la ancha corriente de lava que se precipitó hacia la costa nororiental de la isla y se adentró en el mar.

Se trata de una galería o cueva de unos 6 km de longitud, uno de los tubos volcánicos más largos del mundo y, desde luego, una de las formaciones volcánicas más interesantes de la isla. Se extiende desde el cráter del volcán hasta el mar, donde se prolonga en un tramo submarino de aproximadamente un kilómetro y medio que ha sido bautizado como el túnel de la Atlántida.

Estas galerías subterráneas se formaron en la colada de lava: la lava de la superficie exterior se enfrió y solidificó más rápidamente, mientras el río de lava ardiente seguía fluyendo por debajo de la capa basáltica ya petrificada. Al terminar la emisión de lava solo quedó la parte exterior solidificada (que conforma el techo de la cueva), con el interior vacío, formándose una cueva o galería. El contacto de la lava con el agua del mar conllevó la acumulación de gases en el interior de las cuevas, y la presión de estos gases provocó en algunos puntos el derrumbe del techo o capa superior de lava, dejando unos agujeros que son lo que hoy conocemos como jameos. En el caso de la Cueva de los Verdes, cuenta con al menos 16 jameos, uno de los cuales constituye el acceso a la misma.

Además de su larga historia geológica, de unos 4.000 años, la cueva tiene también su historia a escala humana, mucho más modesta pero no menos interesante. Se sabe que fue habitada por la población prehispánica, pues en su interior se han

hallado diversos restos y utensilios que han resultado de gran utilidad para ampliar los conocimientos sobre los antiguos pobladores de la isla. Ya en el siglo XVII, las cuevas sirvieron de refugio a los lanzaroteños para protegerse de las frecuentes razias y secuestros por parte de los piratas de la costa norte de África.

En el siglo XIX la cueva comenzó a despertar el interés de visitantes y científicos, hasta convertirse en la actualidad en uno de los más conocidos reclamos turísticos de la isla. No es de extrañar, si se tiene en cuenta que se trata de una oportunidad única en el mundo para adentrarse en el interior de una formación volcánica tan singular. De cualquier forma, no toda la extensión de la Cueva de los Verdes puede visitarse. Tan solo pueden recorrerse unos 2 km, acondicionados con una iluminación efectista y una música ambiental que ensalzan más si cabe la singularidad de tan caprichoso monumento natural. El emocionante recorrido tiene una duración de una hora, que resulta muy agradable por la temperatura en el interior, sensiblemente más fresca que en el exterior, y permite contemplar formaciones rocosas realmente curiosas, como las estalactitas originadas por el goteo de la lava. En el interior de la cueva se ha habilitado un auditorio que tiene una sorprendente acústica.

▼ Interior y exterior de la Cueva de los Verdes.

La arquitectura lanzaroteña

7

Los fascinantes paisajes volcánicos, esos enormes campos de lava, los cráteres, los jameos… dejan en Lanzarote poco protagonismo a otros elementos del paisaje. Y sin embargo, al abandonar la isla, una de las imágenes más recordadas por el visitante es sencillamente el blanco intenso de las casas.

▲ Haría, en el valle de las Mil Palmeras, conserva gran parte de su arquitectura tradicional.

Ciertamente no puede competir como reclamo turístico con las excepcionales maravillas naturales con que cuenta la isla, pero nadie duda de que la arquitectura popular lanzaroteña es también de una belleza impactante. Puede considerarse, en cierto modo, la culminación de la sorprendente policromía que caracteriza el paisaje de toda la isla. El blanco intenso de las casas sobre el negro volcánico proporciona un contraste extremo, insólito, inolvidable.

La aridez del clima y la roca volcánica determinan el carácter de la arquitectura popular isleña. El calor y la intensa insolación obligan al predominio casi absoluto del color blanco, que refleja los rayos solares y contribuye a no elevar la temperatura en el interior de las viviendas. Los muros son muy gruesos, algo también indispensable para conservar la temperatura durante todo el año (mantener el calor en el invierno y la frescura en verano). Otro rasgo cromático omnipresente es el verde (azul en algunos casos) con que están pintadas puertas y

ventanas en toda la isla; sorprende también esta extraña uniformidad, que al parecer se debe a la tradición de utilizar los remanentes de pintura que sobraban de pintar las barcas de pesca, y que hoy otorga una indiscutible personalidad a la arquitectura insular.

Las casas más antiguas y tradicionales tienen una sola planta, generalmente con un patio de luz en el centro. Las azoteas y patios se disponen ligeramente inclinados, con el objetivo de recoger la escasa agua lluvia en estanques de piedra, otro de los aspectos que pone de manifiesto la adaptación de la arquitectura a las características climáticas del lugar.

Además del blanco absoluto, el otro rasgo fundamental de la arquitectura lanzaroteña es la extrema sencillez: formas simples, volúmenes cúbicos y escasos contrastes. Algunas decoraciones típicas en forma de pequeño sombrero o cúpula sobre las cubiertas son el único detalle ornamental en tan austera arquitectura, sin duda reflejo también de un modo de vida tradicionalmente muy modesto.

Este tipo de arquitectura salpica toda la isla, tanto en poblaciones como en pequeños núcleos habitados o casas diseminadas, donde el contraste de los muros blancos con el entorno negruzco de la lava es aún mayor. Localidades como Tiagua, Mogaza, Yaiza, Uga, Femés o, muy especialmente, Haría, donde las blancas construcciones se mezclan entre un palmeral y crean la imagen de un oasis idealizado, conservan preciosos núcleos de arquitectura tradicional apenas alterada.

Mención aparte merece la población de Teguise, una de las primeras que se fundaron en el archipiélago canario tras la colonización española. Su pequeño núcleo histórico es un magnífico compendio de arquitectura popular mezclada con viejas casonas de porte noble, iglesias y conventos. En esta arquitectura de carácter más señorial, escasa en la isla, pueden apreciarse detalles arquitectónicos de influencia andaluza o portuguesa, como los característicos tragaluces y los balcones de madera que cuelgan de las fachadas. También en estas casas es donde mejor puede apreciarse el uso de la piedra volcánica: mientras que en las rústicas viviendas de los campesinos el blanco cubre completamente las piedras que ellos mismos recogían en el campo para levantar los muros, los más ricos podían permitirse bloques de piedra cortada en la cantera, y en sus casas se muestran en bellas fachadas o en las esquinas, siempre en escandaloso contraste con el blanco intenso.

La artesanía lanzaroteña

En una isla con tan escasos recursos como es Lanzarote, su actividad artesanal nunca ha sido extensa. Sin embargo, es un aspecto del patrimonio cultural insular que no debe pasar desapercibido, porque la artesanía lanzaroteña ofrece creaciones realmente singulares.

Nutriéndose de lo poco que ofrece el entorno insular, la tradición ha hecho llegar hasta nuestros días una artesanía peculiar, rica en creatividad y sorprendentemente variada. Como en tantos otros lugares, muchas de las actividades artesanas tradicionales habían quedado en el más absoluto olvido, y no ha sido hasta tiempos muy recientes cuando se ha realizado un loable esfuerzo, impulsado por las administraciones públicas, para recuperar, valorar y dar a conocer tan valioso patrimonio.

Se han perdido muchos de los trabajos artesanales antaño imprescindibles para cubrir las necesidades más cotidianas de los isleños, trabajos relacionados con la realización de enseres domésticos, de muebles o de útiles de labor, de pesca o de marinería. Pero, en cambio, se conservan aún determinadas tradiciones muy antiguas, que hunden sus raíces en el mundo aborigen de los majos, especialmente en cuanto a la cerámica. Muchas de las actividades artesanales se han conservado dentro de los

▶ Piezas de cerámica tradicional, como "los novios de Mojón", a la derecha.

▼ El timple es un instrumento típico de Lanzarote que se sigue realizando de forma artesanal.

muros de las casas, como una tradición familiar sin rendimiento económico, solo para aprovechamiento propio, mientras en los núcleos marineros el tejido de las redes y los chinchorros continúa siendo una labor artesanal de práctica habitual.

Quizás lo más destacado de la tradición artesanal lanzaroteña es la alfarería, con la confección a mano, o con instrumentos previos al torno, de vasijas, candiles y pucheros de cerámica o barro, de formas y decoración primitivas, simples. Son muy típicas y originales las figuras de "los novios de Mojón", unas figuritas masculina y femenina con desarrollados caracteres sexuales que representan la fertilidad, y que antiguamente intercambiaban los prometidos. Cabe destacar que, desde siempre, la alfarería ha sido en Lanzarote una labor reservada a las mujeres, algo poco habitual en la mayoría de lugares.

Más singular, por el tipo de material que se emplea, es la elaboración de muy diversos productos derivados de la hoja de palmera y otras fibras vegetales. Es muy característica de la isla, por ejemplo, la empleita, de hoja de palmera, con la que se confeccionan esteras, bolsos y el útil que se utiliza para dar forma a los quesos. También destacan las labores de cestería de junco, palma, palmito y paja de centeno, sin olvidar los sombreros de palmito que aún llevan los campesinos para protegerse del sol.

Es igualmente variada y reconocida la artesanía textil, trabajada en primitivos telares: delicados tejidos de calado, rosetas de encaje, bordado, ganchillo y punto y media.

Y mención aparte merecen los famosos timples, un instrumento típico de Lanzarote (también de otras islas del archipiélago), que se fabrica en Teguise y que al parecer tiene su origen en los bereberes del norte de África. Sigue realizándose artesanalmente, pero desde ya hace tiempo su uso va más allá de las manifestaciones folclóricas tradicionales y se ha introducido en la esfera profesional; es utilizado por numerosos grupos y artistas, no solo canarios, y para interpretar músicas de lo más diverso.

Los mercadillos de artesanía de Haría (sábado) y de Teguise (domingo) son dos buenas opciones para ver y adquirir todo tipo de producciones artesanas de la isla. También en las tiendas de los Centros de Arte, Cultura y Turismo que hay esparcidos por toda la isla tiene un especial protagonismo la oferta de artesanía insular, y si además el visitante está interesado en conocer cómo trabajan los artesanos, hay muchos de ellos en toda la isla que muestran sus talleres.

El Mirador del Río

9

Las alturas de la costa septentrional de Lanzarote constituyen una perfecta atalaya desde la que se divisa la totalidad del archipiélago Chinijo. Se trata de uno de los mayores atractivos naturales de la isla, y otro de los lugares escogidos por César Manrique para aunar arte y naturaleza.

Es tan corta la distancia marina que separa Lanzarote de la vecina isla de La Graciosa, apenas 2 km, que el breve canal marino que existe entre ambas islas fue bautizado con el nombre de El Río. Su escasa amplitud lo justifica.

Así toma nombre también el espectacular mirador que, emplazado en el extremo septentrional de Lanzarote, permite divisar no solo la isla de La Graciosa y su entorno marino, sino todo el conjunto del archipiélago Chinijo: detrás de La Graciosa los islotes de Montaña Clara y el Roque del Oeste, al fondo Alegranza, y a lo lejos el Roque del Este; además, desde allí se contemplan buena parte de los

sobrecogedores riscos de Famara, en el propio litoral lanzaroteño, y a los pies del mirador se hallan casi en vista zenital las salinas del Río, las más antiguas de la isla, explotadas desde época romana.

El lugar goza de un privilegio fundamental para constituirse en perfecto mirador: se halla elevado sobre el mar, exactamente en la cumbre del risco de Famara, a 470 m de altura. Tal condición lo convirtió antaño en un punto de defensa estratégico, por lo que en el siglo XIX se instaló en el lugar una batería

▼ Vista de la isla de La Graciosa desde el Mirador del Río.

de cañones. Siendo ya inútil esta función militar, el turismo lo recuperó como lugar "estratégico". Pero quizás no dejaría de ser un mirador más si no fuera porque César Manrique, con la colaboración del artista Jesús Soto y el arquitecto Eduardo Cáceres, diseñó una serie de actuaciones arquitectónicas para facilitar el uso público del lugar como balcón o atalaya.

La obra, de compleja materialización, consistió en excavar la roca de la montaña de Famara con el objetivo de minimizar al máximo el impacto visual de una intervención humana sobre la pared del risco. Fue inaugurada en 1975. Tras una singular facha-

Info

Mirador del Río
- ☎ 928 848 484.
- 🌐 https://cactlanzarote.com
- ⏱ Todos los días, de 10 h a 17 h.
- 🎫 Entrada adulto: 8 €.
  Entrada niños: 4 €.
- ℹ Tiempo aprox. de la visita: 45 minutos.

da, de forma semicircular y construida en piedra, el visitante se adentra en un pasillo de trazado serpenteante en el que se ubican unas hornacinas decoradas con cerámicas tradicionales realizadas por el artesano lanzaroteño Juan Brito. Este pasillo ondulado lleva hasta una amplia sala con dos ventanales de cristal, conocidos como "los ojos del mirador", desde los que se obtiene una fabulosa panorámica de las islas del norte. Ambos ventanales son cóncavos horizontalmente y ligeramente oblicuos verticalmente, lo que permite incrementar el efecto de la visión panorámica a la vez que facilitan una mayor entrada de luz al interior del recinto.

No es el único punto para la observación del paisaje: también el pasillo exterior que rodea la edificación y la terraza superior que lo corona, a la que se accede mediante una escalera de caracol, permiten excelentes panorámicas.

Las vistas son, en definitiva, el principal atractivo, y Manrique no quiso restar protagonismo al entorno natural, por lo que el único elemento decorativo que incluyó en la obra son unas esculturas de hierro suspendidas del techo, soldadas por el propio artista lanzaroteño y que cumplen la función de amortiguar la reverberación que se produce en el interior de la roca excavada.

Se trata, en definitiva, de una de las creaciones más representativas de Manrique, uno de sus más destacados logros en su ideario global de integrar arte y naturaleza. Prueba de ello es que el edificio apenas puede percibirse desde el exterior, queda perfectamente camuflado, escondido bajo la piedra del entorno, y no altera en absoluto la fisonomía original del lugar.

Las salinas de Janubio

10

Han sido definidas como un "jardín de la sal", probablemente porque cada uno de los cristalizadores, charcas y calentadores que conforman estas salinas adquiere su particular color, y forman en conjunto un cuadro de inspiración cubista cuya gama cromática varía en función de la luz solar.

Recorriendo la carretera que va desde Yaiza a Playa Blanca, en el suroeste de Lanzarote, sorprende una impactante vista panorámica: al pie de los riscos se abren un amplio golfo y una laguna costera separada del mar por un breve cordón litoral; el interior de esta laguna se halla cuadriculado por una enorme retícula de muros de piedra volcánica, que la divide en infinidad de pequeños rectángulos. Se trata de las salinas de Janubio, una explotación salinera de notables dimensiones (500.000 m^2) creada en 1895 sobre un terreno en el que anteriormente se cultivaban, no sin dificultades, algunos cereales.

Las salinas constituyen otro de los paisajes singulares de la isla, una muestra más de la modélica y envidiable adaptación de la intervención humana en la naturaleza insular, que no solo la respeta sino que la embellece. Y además, se trata en este caso de una obra creada para obtener rendimiento económico, para la explotación de los recursos que ofrece la isla.

Las salinas han sido explotadas prácticamente de forma ininterrumpida desde su fundación, y a pesar del desarrollo de nuevas técnicas de conservación de la pesca y del declive de esta actividad en el

Info

Salinas de Janubio
- ✉ Camino de los Hervideros, s/n. Yaiza.
- ☎ 928 804 398.
- 🌐 www.salinasdejanubio.com
- ⏰ Visitas guiadas, todos los días a las 10 h, 12 h, 14 h y 16 h.
- 🎫 Visita guiada y cata flor de sal: 22 € (adulto), 10 € (niño).

▼ Salinas de Janubio.

archipiélago, aún hoy se siguen extrayendo unas 2000 toneladas anuales de sal, una cifra muy por debajo de su potencial a pleno rendimiento. La sal de Janubio se ha utilizado tradicionalmente para la industria del salazón y las conservas de pescado, y para preservar el pescado a bordo de las embarcaciones de la flota artesanal insular y la flota atunera vasca, aunque en la actualidad tan solo se comercializa en la propia isla. Fue durante mucho tiempo un puntal económico de la localidad de Yaiza, donde la mayoría de familias tenía alguna vinculación con la explotación, y la gran cantidad de mano de obra que llegó a emplear supuso incluso la fundación, alrededor de Janubio, de poblaciones como La Hoya o Las Breñas.

A pesar de la disminución de su trascendencia económica, las salinas son hoy un destacado elemento del patrimonio cultural, etnográfico, arquitectónico, paisajístico y medioambiental de Lanzarote, especialmente si se tiene en cuenta que su explotación sigue efectuándose con métodos artesanales, sin mecanización. Lo único que se ha añadido al proceso artesanal son las bombas que llevan el agua del mar hasta los cocederos.

Para la recolecta de la sal se utilizan rastrillos metálicos y después se coloca en un talud. Los muros de piedra volcánica, la perfecta retícula de piscinas, los viejos molinos, las edificaciones salineras anexas, los hornos de cal, las represas y aljibes… conforman un recinto que la Unesco ha catalogado como uno de los legados salineros de mayor interés cultural que perviven en Europa.

Como otros espacios salineros de similares características, las charcas y estanques de aguas someras son también espacios muy importantes para el aprovisionamiento y descanso de las aves en sus rutas migratorias. En Janubio se han observado 69 especies de aves migradoras acuáticas y 17 migradoras no acuáticas.

A nivel biológico destaca otro aspecto: en las salinas se han catalogado nueve especies vegetales endémicas. Sorprende saber, además, que uno de los responsables de la distinta coloración entre los tajos o piscinas se debe precisamente a la presencia de diferentes tipos de líquenes u otros elementos naturales; la naturaleza es pues responsable de una diversidad cromática espectacular, de la que César Manrique se hizo eco: "siempre me ha impresionado la visión de una salina. Las de Lanzarote me han llamado la atención por su lineal belleza y por su cegador colorido".

Breve **historia** de **Lanzarote**

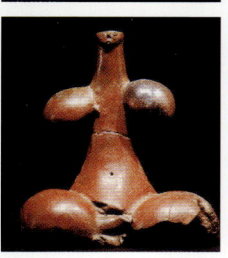

▼ Pintaderas guanches (sellos de arcilla) e ídolo de Tara (abajo), también de época guanche (Museo Canario de Las Palmas de Gran Canaria).

❙ Los majos

Aunque a los primitivos pobladores de las islas Canarias se les conoce habitualmente con el término genérico de guanches, en realidad este nombre proviene de *guan* (descendiente) y *chinech* (Tenerife), por lo que en sentido estricto se refiere exclusivamente a los indígenas de la isla de Tenerife.

En Lanzarote, los pobladores prehispánicos reciben el nombre de *majos* o *mahos,* tal como se denominaban ellos a sí mismos.

Como el resto de pueblos aborígenes canarios, su origen es norteafricano, de raíces bereberes influenciadas por la cultura púnica y quizás también por la latina. Llegaron a la más septentrional las islas del archipiélago hacia el año 500 a. C. Lo hicieron por mar, aunque, curiosamente, ni en Lanzarote ni en ninguna de las islas se ha hallado el más mínimo indicio de que conocieran la navegación. Es uno de los grandes enigmas que envuelven a esta cultura.

La lengua hablada por los aborígenes era de origen camito-bereber. Se han hallado en el archipiélago diversos grabados alfabetiformes propios de la escritura líbico-bereber, pero en Lanzarote y Fuerteventura se ha constatado también la existencia de otro tipo de escritura, que se ha llamado "latina" por su similitud a la cursiva pompeyana, y que se ha explicado por un cierto nivel de romanización de las poblaciones bereberes de la isla. En cualquier caso, aún se conservan vivas en Lanzarote (y en todo el archipiélago) numerosas palabras, también topónimos y antropónimos, que provienen de la lengua aborigen.

Los majos constituían una sociedad pastoril poco evolucionada, que aún se hallaba en el Neolítico cuando entró en contacto con los colonizadores europeos.

Al contrario que en el resto de las islas Canarias, donde los aborígenes vivían fundamentalmente en cuevas (naturales o construidas artificialmente), en Lanzarote, en cambio, formaron aldeas o poblados en superficie. Las viviendas, denominadas "casas hondas", tenían un piso excavado en la tierra, de modo que la mitad o más de la habitación quedaba bajo el nivel del suelo.

El área más poblada era la zona central de la isla, conocida como El Jable. Destaca allí el yacimiento de Zonzamas, uno de los mayores poblados indígenas de todo el archipiélago, residencia del último "rey" de Lanzarote, que continuó siendo habitado hasta bastante después de la conquista castellana.

La antigüedad clásica

En la antigüedad clásica el archipiélago canario fue conocido por fenicios, griegos y romanos, aunque ninguno de estos pueblos se estableció allí. De hasta qué punto llegaron a explorar y conocer las islas existen escasos datos históricos, y la mayoría aparecen mezclados con mitos y leyendas: las referencias de Homero y Hesíodo a las Hespérides o los Campos Elíseos (unas islas situadas más allá de las columnas de Hércules), los restos de la Atlántida que describía Platón en el diálogo *Timeo,* o las islas Afortunadas que describió el naturalista Plinio el Viejo. Este último relata la expedición enviada por el rey Juba de Mauritania, que regresó a la corte con una pareja de grandes perros originarios de las islas, según los miembros de la expedición, hecho al que se suele atribuir el topónimo de Canarias, derivado del latín *canis* (perro).

Redescubrimiento y conquista

Tras el periodo clásico, las islas fueron olvidadas por los europeos durante varios siglos. Solo a partir del último tercio del siglo XIII algunos comerciantes (genoveses, mallorquines, catalanes, castellanos, portugueses…) comenzaron a aventurarse de nuevo a navegar por el temido *Mare Tenebrosum*, el océano Atlántico. Entre las expediciones de las que hay constancia está la de los hermanos Vivaldi, en 1291, que nunca regresaron.

Fue el navegante genovés Lancelotto Malocello quien, alrededor de 1312, llegó y dio noticia de la isla de Lanzarote. De hecho, el nombre de Lanzarote, que aparece por primera vez en un mapa portulano de 1339, proviene de este navegante que la Historia ha catalogado como su "descubridor". Los indígenas daban a su territorio el nombre de *Tyterogakat* o *"Tytheroygatra"*, que se ha traducido como *La quemada,* y al parecer durante la etapa clásica la isla era conocida como *Purpuraria*, debido a la abundancia de la orchilla, un liquen que se utilizaba para elaborar tintes.

Durante el siglo XIV los viajes a la costa africana del Atlántico y a las islas se hicieron cada vez más frecuentes, con los objetivos de capturar esclavos o recoger la orchilla. Por ser la isla más septentrional y más cercana a la costa africana, Lanzarote sufrió más intensamente las operaciones de saqueo y búsqueda de esclavos, lo que contribuyó a un fuerte retroceso demográfico a lo largo de todo el siglo XIV.

De aquellas primeras expediciones de ida y vuelta se pasó a un interés por asentar establecimientos coloniales permanentes, lo que suponía la conquista de las islas. La primera expedición militar tuvo lugar en 1402, encabezada por los caballeros y mercenarios normandos Jean de Bethencourt y Gadifier de la Salle, al servicio de Enrique III de Castilla, que lograron someter Fuerteventura, Lanzarote y El Hierro. Algunas décadas después los castellanos se apoderaron de La Gomera, pero Gran Canaria, Tenerife y La Palma, las islas más pobladas y defendidas, y con un litoral de más difícil acceso, no fueron conquistadas hasta tres cuartos de siglo después de la aventura normanda.

En Lanzarote, el primer asentamiento europeo se situó en San Marcial de Rubicón, al sur de la isla, y allí se fundó la primera diócesis de las islas Canarias.

❚ Del feudalismo a la Edad Moderna

Convertida pues en un señorío feudal vasallo de la corona castellana, la isla quedó primero como propiedad de los sucesivos descendientes de Jean de Bethencourt, y posteriormente pasó a manos de diversos nobles andaluces. Era gobernada por un cabildo o regimiento, una institución inspirada en la concepción del municipio medieval castellano cuyos miembros eran nombrados por los señores, y su jurisdicción abarcaba toda la isla. Esta estructura de poder feudal se mantuvo durante varios siglos, hasta la abolición del señorío por las Cortes de Cádiz en 1812.

Son años en los que se lleva a cabo un importante esfuerzo de repoblación con nuevos habitantes de origen berberisco, que se fusionan con los aborígenes y con los colonizadores castellanos. Pero es también una etapa de escaso desarrollo económico y en la que la isla sufre un problema que se repite periódicamente: las razias de piratas tanto berberiscos como de las potencias navales europeas rivales de Castilla. Su proximidad a la costa africana implica, una vez más, que Lanzarote sea el objetivo más fácil para quien planea el saqueo a las islas. En 1586 el corsario berberisco Amurat toma la isla con quinientos hombres y captura a la familia del señor. En 1618 Soliman invade y arrasa la isla. Sir Walter Raleigh, durante su última expedición en busca del Dorado, ataca Arrecife en 1617 y destruye la ciudad.

Del siglo XVIII cabe destacar, evidentemente, un hecho trascendental no solo para la historia de la isla, sino también para su geografía: la erupción

volcánica de Timanfaya, que se inició en 1730 y se prolongó durante varios años. Aquel suceso geológico modificó por completo la fisonomía de gran parte de la isla e hizo que su superficie aumentara en una tercera parte. Las sucesivas coladas de lava de las erupciones llegaron a sepultar hasta diez pueblos, e inutilizaron dos de las vegas más productivas con que contaba la isla, las de Timanfaya y Los Miraderos. Pero, por el contrario, a largo plazo facilitaron el desarrollo del cultivo de la uva, ya que el manto de cenizas volcánicas, junto al ingenio del campesino lanzaroteño, propició el singular sistema de plantación que permitía burlar la extrema sequedad de la isla y que ha conformado el famoso paisaje vitícola de La Geria.

Otro hecho relevante del siglo XVIII, ya en su segunda mitad, fue la introducción en la isla del cultivo de la barrilla o cosco, una planta rastrera rica en álcalis que se empleaba para la fabricación de jabón y la obtención de sosa. Ello supuso para la isla el progresivo final del modelo de explotación agraria exclusivamente cerealista que había desarrollado desde la conquista, y que la había convertido durante toda la Edad Moderna en el "granero de Canarias". Además, la exportación de la barrilla conllevó el crecimiento de Arrecife y su puerto, hasta entonces un modesto núcleo de casas. De América llega también a Lanzarote el cultivo de la

▲ Castillo de San Gabriel, sede del Museo de Historia de Arrecife.

papa, tan importante en la dieta de los isleños, el millo, el tomate y, sobre todo, la recolección de la cochinilla, un insignificante insecto que durante algún tiempo impulsó una de la industrias más destacadas de la isla.

▌El Lanzarote contemporáneo

La isla inicia el siglo XIX bajo los efectos de la crisis de la barrilla, producto hasta entonces fundamental en su economía, a la que se suman un periodo de sequías y plagas y la erupción volcánica de 1824, la última registrada hasta hoy en Lanzarote; todo ello acaba obligando a muchos isleños a emigrar.

Pero hacia la mitad del siglo se van consolidando en Lanzarote algunas explotaciones de productos para la exportación, fundamentalmente la cochinilla, un insecto parásito de la tunera o nopal del que se extraía un colorante de color carmín muy apreciado por la industria textil inglesa de la época. Con las exportaciones progresa el desarrollo de Arrecife como principal núcleo urbano de la isla, y se instala en la ciudad una emergente burguesía insular, de tal modo que en 1847 la capital de la isla es trasladada de Teguise a Arrecife.

El otro aspecto más destacado del devenir histórico de la isla en este siglo XIX es la transformación política que supuso el fin del señorío y dio pie a la nueva organización administrativa del conjunto del archipiélago canario. En el marco de la Ilustración surgieron las primeras voces que reclamaban la necesidad de unas especificidades económico-fiscales para las islas, unas reivindicaciones que poco a poco irían sumando una beneficiosa legislación para las islas, hasta culminar en el régimen especial con el que hoy cuentan dentro de la Unión Europea. La primera consecuencia fue la Ley de Puertos Francos de Canarias de 1852, que incluyó el puerto de Arrecife como uno de los puertos libres de impuestos y aduanas del archipiélago.

También arranca en aquella época el llamado pleito insular, es decir, la larga disputa por la capitalidad del archipiélago entre las dos principales ciudades, Las Palmas de Gran Canaria y Santa Cruz de Tenerife. Hasta que las Cortes de Cádiz implantaron el sistema administrativo francés de provincias, en cada isla los respectivos cabildos procuraban su propio gobierno local. Al implantarse el sistema provincial se designó a Santa Cruz como capital del archipiélago, y la ciudad de Las Palmas luchó durante siglo y medio ante el agravio de sentirse

despojada del poder político. Finalmente, en 1927 el conjunto insular fue dividido en las dos provincias que conocemos actualmente, de manera que Lanzarote quedó incorporada, junto a Gran Canaria y Fuerteventura, en la provincia de Las Palmas. En medio del largo contencioso entre las dos grandes ciudades del archipiélago fue también aprobada, en 1912, la ley de Cabildos, a instancias de las islas menores, que querían quedar al margen del conflicto entre las dos grandes. De esta forma las islas conservaban sus propias instituciones insulares a pesar del proceso de provincialización, unas instituciones aún vigentes en el actual marco de las comunidades autónomas.

Así pues, el decreto de Puertos Francos de 1852, la ley de Cabildos de 1912, el decreto de división provincial de 1927 y la ley de Régimen Económico y Fiscal de 1972 constituyen las bases de la organización administrativa y económica de las islas y, por tanto, del Lanzarote contemporáneo. A ello hay que sumar, ya a partir de la Constitución de 1978, que Canarias se convierte en 1982 en una de las 17 comunidades autónomas españolas, con una capitalidad alternativa entre las dos ciudades principales para evitar un renacimiento del viejo pleito, así como la incorporación de España en la Unión Europea, de la que en un principio las islas fueron parcialmente ajenas al quedar fuera del territorio aduanero. En la actualidad se está pendiente del definitivo Estatuto Permanente de Canarias en la UE, cuyo objetivo es preservar las libertades y especificidades canarias que derivan de su condición insular, su alejamiento del continente europeo y la fragmentación de su territorio.

Conviene un último apunte sobre la enorme transformación que ha experimentado la isla a nivel económico a partir de la segunda mitad del siglo xx. Como en el resto de las islas del archipiélago, el *boom* del turismo hizo que las actividades primarias dejaran de ser el pilar básico de la economía y que este papel lo adquiriera el sector servicios. La construcción o el comercio, pero también la producción de vinos, la artesanía… dependen hoy en gran medida de la salud del turismo, que ocupa un elevado porcentaje de la población activa. Lanzarote, sin embargo, ha sabido compaginar este progresivo auge del turismo con una acertada protección de su patrimonio natural y cultural, algo que le permitió ser declarada en 1993 como Reserva de la Biosfera por la Unesco.

◀ *El Monumento al Campesino* (también llamado *Monumento a la Fecundidad*) es una obra emblemática de César Manrique realizada en 1968. Está situado en el centro geográfico de la isla, concretamente en el municipio de San Bartolomé.

Dónde...

Restaurantes

SOFÍA

Entre Serdika y la catedral Nevsky

ANDRé (C)
La casa de uno de los cocineros más reconocidos del país es para muchos el mejor restaurante de la ciudad. Alta cocina a precios razonables.
- ✉ Aksakov 11.
- ☎ +359 88 893 1151.
- 🖥 andretokev.com

Checkpoint Charlie (M)
De lo mejor en su relación calidad-precio, con platos típicos del recetario internacional y nacional, pero con preparaciones delicadas y un punto de originalidad. Se puede hacer caro con el vino (buena selección de nacionales). A mediodía ofrece un menú muy económico. Con jazz y una estupenda terraza tras el museo Ivan Vazov.
- ✉ Ivan Vazov 12.
- ☎ +359 2 988 0370.
- 🖥 www.checkpoint charlybg.com

Precios

Hay poca diferencia de precios entre locales: la mayoría de restaurantes de a pie ofrece platos en torno a 10 lv, los que buscan un plus en torno a 20 lv, el máximo para platos exclusivos (o para ubicaciones codiciadas) suele quedarse en 30 o 40 lv. Así, según las clasificaciones estándar, todos los restaurantes de esta guía pertenecerían a lo medio o económico.

B Menos de 15 €
M Entre 15 y 30 €
C Más de 30 €

Corso (M)
Extenso menú de comida internacional con toques de originalidad y mucho vino, en un restaurante de grandes dimensiones con una sala panorámica con vistas a la iglesia rusa.
- ✉ Tsar Osvoboditel 10.
- ☎ +359 88 810 0113.
- 🖥 www.corso.bg

Starya Chinar (M)
Decoración clásica en salones palaciegos. Recetas típicas nacionales conseguidas con especialidad en carne a la brasa y de caza, pero con alternativas vegetarianas. Al noreste de la catedral.
- ✉ Kniaz Aleksandar Dondukov 71.
- ☎ +359 88 745 5050.
- 🖥 www.stariachinar.com

Re Club (M)
Coqueto local donde reponer fuerzas tomándose un plato ligero y original, merendar una tarta o beberse una copa frente a la catedral.
- ✉ Moskovska 29.
- ☎ +359 88 810 0531.
- 🖥 reclub.bg

Victoria (M)
Comida internacional con toques búlgaros. Salones amplios y mejor terraza entre la catedral Nevsky y los jardines Kristal. Menú con fotografías extenso y variado. Menú económico a mediodía.
- ✉ Tsar Osvoboditel 7.
- ☎ +359 2 986 3200.
- 🖥 www.victoria.bg

Buffet (B)
Local extravagante donde las antigüedades se mezclan con iconos de subculturas. Platos típicos sencillos, por lo general ligeros. Cierra pronto.
- ✉ Ekzarh Yosif 44.
- ☎ +359 87 895 8303.

Las casas de Hadjidraganov (M)
Un auténtico museo etnográfico. Menú interminable de platos tradicionales por lo general carnívoros. Ideal para grupos. Música folclórica en directo (masa, 20.30 h). Al norte, de camino a la estación de trenes.
- ✉ Kozloduy 75.
- ☎ +359 89 991 7837.
- 🖥 www.kashtite.com

Supa Star (B)
Básico, para presupuestos bajos e invierno fríos. Autoservicio pequeño pero acogedor con un puñado de sopas, cremas y guisos del día a unas 5 lv la ración. Dos ubicaciones.
- ✉ Tsar Shishman 8.
- ✉ Knyaz Al. Dondukov 17.

Rakia raketa (B)
Ambientado en la Sofía comunista, con montones de objetos de la época y platos de toda la vida sin complicaciones. Se enorgullecen de su versión del licor nacional, la *rakia*.
- ✉ Yanko Sakazov 17.
- 🖥 https://raketarakiabar.bg/

Alrededor de Vitosha y NDK

Cosmos (C)
De espíritu y decoración vanguardista aunque con orgullo de raíces, ofrece platos con personalidad y alguna rareza en los que se cuida cada detalle y se utilizan productos de la tierra y de temporada.
- ✉ Lavele 19.
- ☎ +359 88 820 0700.

Moma (M)
En un palacete de 1930 decorado con motivos folclóricos y un estupendo jardín, platos tradicionales y

vinos en un ambiente que suele gustar a forasteros. Algo saturado, es recomendable reservar.

✉ Solunska 28.

☎ +359 88 562 2020.

🌐 www.moma-restaurant.com

The little things (M)

Nueva cocina búlgara en un menú escueto que se cuida con mimo y en el que casi todo es casero y de temporada. Casita histórica con salas coquetas con motivos *vintage* y algunas mesas en el patio. Tras la iglesia de los Siete Santos. Se aconseja reservar.

✉ Tsar Shishman 37.

☎ +359 88 249 0030.

Manastirska Magernitsa (M)

Local con encanto entre los Siete Santos y NDK en una casa del siglo XIX para poner el broche a una experiencia 100% búlgara, ya que su extenso menú rescata recetas tradicionales servidas, por ejemplo, en monasterios del país.

✉ Han Asparuh 67.

☎ +359 89 994 9400.

🌐 magernitsa.com

Shastlivetsa (M)

Esforzada decoración a modo de palacete rural y menú extenso con clásicos nacionales, platos vegetarianos… El resultado no es el más pulido, pero la experiencia es resultona. Tiene otra sede en San Stefano 22 (Universidad).

✉ Bul. Vitosha 27.

☎ +359 2 441 1155.

🌐 www.shtastliveca.com

Confetti (M)

Este todoterreno se hace llamar heladería pero en realidad sirve de todo. No tiene personalidad, pero sí una terraza de diez en una de las calles con más encanto del centro.

✉ Graf Ignatiev 4.

☎ +359 2 988 4444.

A las afueras

Talents (M)

La Escuela de Cocina de Sofía desarrolla aquí un programa internacional de estudiantes. Platos afrancesados más bien frescos y poco voluminosos con presentaciones cuidadas. De camino a la Iglesia de Boyana o al Museo de Historia.

✉ Tsar Boris III 59.

☎ +359 8 8294 7426.

🌐 www.restauranttalents.bg

Chef's (M)

Goza de gran fama este restaurante que conjuga excelentemente la calidad y el precio para quienes se dirijan hacia el sur, pudiendo merecer el desvío de camino a Boyana o al Museo de Arte Socialista.

🌐 https://chefs-bg.com/

PLOVDIV

Hebros (C)

En Trimontium, elegante restaurante de cocina afrancesada con preparaciones y presentaciones muy elaboradas a base de productos de primera. Filosofía *slow food*. Buena carta de vinos.

✉ Konstantin Stoilov 51.

☎ +359 3 226 0180.

🌐 www.hebros-hotel.com

Philippopolis (C)

Además de una pinacoteca privada, este palacete alberga un restaurante elegante de influencia francesa con un menú escueto aceptable.

✉ Saborna 29.

☎ +359 3 262 4851.

🌐 www.philippopolis.com

Heminway (C)

Curiosa ambientación donde converge lo palaciego y lo caribeño, con sofás y butacas donde escuchar jazz. Destaca su oferta de entrantes (o postres). Platos internacionales sin demasiado carácter. Menú de mediodía económico.

La cadena de restaurantes nacional

La cadena de comidas Happy Grill & Bar es la favorita en Bulgaria. Ofrece comida internacional, con preferencia por lo norteamericano, además de una carta independiente de sushi.

🌐 www.happy.bg

✉ Genenal Gurko 10.

☎ +359 89 449 0636.

🌐 www.hemingway.bg

Le Petit Paris (C)

Al noroeste, alejado de los puntos de interés, emula un café parisino y se supone que ofrece platos franceses, aunque se va por lo mediterráneo e internacional. Les encanta el Josper.

✉ Mladezhka 28.

☎ +359 88 966 6555.

🌐 www.lepetitparis.bg

Memory (M)

Salones amplios y modernos. Menú extenso de platos nacionales con toques jóvenes y una interesante carta de vinos búlgaros. Excelente relación calidad-precio.

✉ Pl. Saedinenie 3.

☎ +359 89 449 0637.

🌐 www.memorybg.net

Pavaj (M)

Referente en Kapana: local pequeño con ambientación retro y personal a la última. Platos típicos revisitados con mimo que muestran gusto por los productos de la huerta y los lácteos. Menú escueto pero compensado. Busquen el rótulo "Паваж".

✉ Zlatarska 7.

☎ +359 87 811 1876.

Smokini (M)

Otro negocio joven de éxito con un menú más variado e internacional, y presentaciones exquisitas. Salón

muy luminoso con chimenea y una terraza de verano recomendable.

✉ Otets Paisiy 12.
☎ +359 99 900 0996.
🏠 www.smokini.bg

Diana (M)
Ambientación rústica y vestimentas de los Ródopes para probar platos búlgaros y de los Balcanes. Entrantes ideales para compartir, especialidad en pinchos de carne a la brasa pero sin olvidar a los vegetarianos. Hay varios. Al sur de la colina Danov se ubican dos, que comparten un fabuloso jardín de verano. Hay otro en Sveta Petka 2 (+359 3 263 3059) con música en directo de jueves a sábado noche.

✉ Knyaz Al. Dondukov-Korsakov 2.
☎ +359 3 262 3027/ +359 3 226 7711.

Megdana (M)
Con el pseudónimo autoimpuesto de "el restaurante más búlgaro", ofrece clásicos nacionales, por lo general carnívoros, que saben mejor durante los espectáculos folclóricos más famosos de Plovdiv, a diario a las 21 h.

✉ Odrin 11.
☎ +359 88 596 8270.
🏠 www.megdanabg.com

Old Plovdiv (M)
En Kapana, del hotel *Staryat Plovdiv*, local sencillo y acogedor con platos típicos correctos. Horno de leña.

✉ Georgi Benkovski 15.
☎ +359 88 596 8270.
🏠 www.oldplovdivbg.com

Rakhat Tepe (M)
Sin restaurantes medios reseñables en Trimontium, una buena opción es el mejor ubicado, justo antes de Nebet Tepe, con un salón panorámico que se asoma al lado equivocado de la colina. Enormes sartenes de carne con verduras a la brasa para compartir. Son algo lentos en el servicio.

✉ Doctor Stoyan Chomakov 20.
☎ +359 878 450 259.
🏠 www.rahattepe.com

Ujen Polah (M)
Camino al monumento de los Libertadores y junto al teatro de verano, en la colina de Bunardzhika, también aparece transcrito como *Yuzhen Polaj*. Ofrece buena terraza de verano y unas raciones muy voluminosas. Platos nacionales e internacionales correctos.

✉ Volga 1.
☎ +359 3 264 2640.
🏠 www.ujen-polah.com

Supa bar (B)
Autoservicio con seis sopas del día, alguna ensalada y algún plato de carne o pescado. Comida sencilla pero sabrosa y realmente barata. Es perfecto para empezar la noche o para terminarla, ya que los viernes y sábado abre 24 h.

✉ Viktor Hugo 27.
☎ +359 87 729 0030.
🏠 www.supabar.com

My Smoothie (B)
Zumos, fruta fresca, batidos, helados, sándwiches, gofres, etc., para llevar de 9 a 22 h.

✉ Nayden Gerov 1.
☎ +359 88 746 9990.

RILA

Hay poco donde elegir y a menudo hay que conformarse con alguna sopa en un refugio o, en temporada, algo de carne a la brasa junto al remonte; lo mejor puede estar en los hoteles de Panichishte, camino al remonte. En Borovets el panorama mejora.

Strandjata (M)
En la localidad de Rila, sobre la carretera 107, un salón sencillo con platos regionales, sobre todo pinchos a la brasa y los pescados de río frescos.

✉ Sportela 91, Rila.
☎ +359 89 539 7287.

Gorkhim (M)
En la carretera que sube al monasterio, antes ofrecen truchas frescas del río, setas en temporada, sopas y platos para los días de frío.

✉ Mestnost Gorkhim.
☎ +359 87 810 1218.

Victoria "The Bear" (M)
En Borovets, decoración montañesa y platos contundentes tradicionales para los días duros de montaña. También amplia oferta de platos internacionales bien conseguidos.

✉ Borovets.
☎ +359 87 819 3000.
🏠 www.victoria.bg

BANSKO

Aquí los precios suben y los horarios se adelantan, salvo en los pubs de alrededor de la Gondola. Muchos cierran en primavera y otoño.

Mehana Bai Kotse (C)
Restaurante-espectáculo con platos enormes en llamas. Ambientación montañesa con una gran sala de madera y piedra, y textiles regionales.

✉ Velyan Ognev 1.
☎ +359 89 958 3333.

Victoria (C)
Pertenece a una cadena nacional, pero este tiene un aire más exclusivo, pues es el restaurante del hotel boutique Uniqato, si bien tiene un amplio rango de precios. Comida nacional e internacional.

✉ Pirin 119.
☎ +359 88 776 1500.
🏠 www.victoria.bg

Le petit Nicolas (B)
Autoservicio diminuto, más bien para llevar, con sándwiches, ensaladas y alguna sopa. Hasta las 16 h.

Pirin 19.

📷 +359 87 766 0306.

MELNIK

Chavkova Kashta (M)

Hotel-restaurante de la plaza central con platos regionales como la típica sartén con verduras y carnes. La carta de vinos, incluye las bodegas de alrededor.

✉ Melnik, 112.

📷 +359 89 350 5090.

Mekhana Mencheva Kashta (M)

Subiendo a la parte alta, en una casa tradicional con terraza que se asoma al pueblo y ofrece comida tradicional sencilla a buen precio.

✉ Melnik 46.

📷 +359 74 372 33.

MONTES BALCANES

Magnoliya (M)

Salón acogedor y terraza semicubierta con servicio acostumbrado a extranjeros. Amplia oferta de platos nacionales con sartenes para compartir.

✉ Nikola Petkov 1, Kazanlak.

📷 +359 4 318 9546.

🌐 www.magnolia-kazanlak.com

Chanovete (M)

Taberna de ambientación rural, trato familiar y música folk. Guisos contundentes y especialidades gratinadas con mucho queso y cebolla.

✉ Hristo Botev 14, Kazanlak.

📷 +359 4 316 5206.

Rest (M-C)

Espacio coqueto con decoración *vintage* pero espíritu moderno. Platos originales, conseguidos y bien presentados, no muy abundantes, alejados de las tradiciones búlgaras. Todo es casero.

✉ Stara Planina 4, Gabrovo.

📷 +359 89 919 1018.

Strannopriemnitsa (M)

Clásicos nacionales un tanto toscos pero razonablemente buenos, que saben mejor en la estupenda terraza de su patio ajardinado.

✉ Opalchenska 15, Gabrovo.

📷 +359 6 680 7121.

Etar

En el complejo etnográfico hay un restaurante tradicional razonablemente bueno aunque generalmente colapsado por grupos.

✉ General Derozhinski 124, Etara.

Mehana Strannopriemnitsa (M)

En la salida norte del complejo, menos masificado, tiene un jardín agradable y salones rústicos, y un menú sencillo, con platos contundentes y buenos precios.

✉ General Derozhinski 124, Etara, Gabrovo.

Starata Kasha (M)

Casita de madera y piedra con menú amplio bien conseguido. Suelen gustar unas tablas inmensas con platos variados a compartir.

✉ Angel Kanchev 62, Tryavna.

📷 +359 6 776 3731.

VELIKO TARNOVO

Cabría esperar un poco más de los fogones de la ciudad "estrella" de un país donde por lo general se come bien.

Asenevtsi (C)

Bajando al monumento Asen, espacio joven con cierta elegancia en su salón, jardín y presentación de los platos. Relativamente elaborados aunque sin sorpresas.

✉ Alexander Stamboliyski 7.

📷 +359 88 918 0111.

🌐 www.restorant asenevci.com

Han Hadji Nikoli (M)

El restaurante con más solera de la ciudad. Salones nobles con mobiliario histórico y un patio fabuloso. El menú, escueto, tira por lo tradicional y de temporada, con platos elaborados más o menos conseguidos. Bodega interesante.

✉ Georgi S. Rakovski 19.

📷 +359 6 265 1291.

🌐 www.hanhadjinikoli.com

Shtastliveca (M)

El más popular de Tarnovo tiene una carta infinita con opciones para todos. Tanto que acaba por no cuidar los detalles, aunque la media es razonablemente buena. Buenas vistas desde una parte de su gran salón.

✉ Stefan Stambolov 79.

📷 +359 6 260 0656.

🌐 www.shtastliveca.com

Vkusnoteria (B)

Junto a la Madre Bulgaria, pequeño autoservicio que se hace llamar hamburguesería pero donde se puede desayunar un pastel y un zumo natural o comer una ensalada. Cierra a las 21 h y los domingos.

✉ Hadzhi Dimitar 2.

📷 +359 8 880 8822.

VARNA

Time for Wine (C)

Un palacete junto al Arqueológico con decoración que integra lo clásico y lo moderno, cocina de autor con ingredientes de lujo, incluido caviar, y gran carta de vinos.

✉ Bratya Shkorpil 2.

📷 +359 87 860 6050.

🌐 timeforwine.bg

Staria China "Preslav" (M)

Buenos platos nacionales y serbios, carnes de caza y pescados del Mar Negro en temporada. Horno de brasas y carta de vinos. Un tanto ruidoso pero con cierta

elegancia y buen servicio. Solo efectivo. Tiene otra sede de con un toque más internacional en el "Port Varna".
✉ Preslav 11.
☎ +359 52 949 400.
🖱 www.stariachinar.com

Orient (M)
Dignas recetas del pasado otomano de Varna. Famoso por su horno de brasas y sus platos larguísimos de pinchos de carne con pan de pita y ensalada a compartir. Ofrece café turco, té y buenos postres orientales.
✉ Tsaribrod 1.
☎ +359 5 260 2380.
🖱 www.orientbg.com

The Sea Terrace (M)
Sobre la playa, cocina internacional, platos frescos y ligeros: mucha ensalada y pescado. Precio razonable a pesar de la ubicación.
✉ Primorski.
☎ +359 88 250 5050.
🖱 www.theseaterrace.bg

Old Buddies Burger Bar (M)
Afamada hamburguesería cerca de las termas con ambientación norteamericana y recetas de fantasía.
✉ Odessos 3.
☎ +359 87 866 6161.

El Kapan (M)
El más popular de los restaurantes de la playa, con mesas en el arenal, se supone

que está especializado en pescado, pero su fuerte no es la comida sino el ambiente, sus cócteles de autor y los conciertos por la noche.
✉ Kapitan Georgi Georgiev
☎ +359 8 8377 8977.
🖱 elkapan.com/en

Chuchura (M)
Céntrica casita de madera donde llevan dando comidas desde 1885. Ambiente y platos caseros típicos de los Balcanes, con raciones generosas y especialidad en pinchos de carnes.
✉ Dragoman 11.
☎ +359 87 684 8918.

Veggi Fresh (B)
Cocina italiana vegetariana a precios muy competitivos tras el Museo Arqueológico. Cierra pronto.
✉ Vladislav Varnenchik 20
☎ +359 88 826 0551.

LA COSTA SUR

Burgas

Ethno (M)
Ambientación griega, buen servicio y un punto de elegancia. Menú mediterráneo con entrantes interesantes y pescados del día. Postres y limonadas caseras.
✉ Aleksandrovska 49.
☎ +359 88 787 7999.

Fish Express (B)
Bar informal pero acogedor con carta escueta de pescado frito y sándwiches.
✉ Tsar Simeon I 20.
☎ +359 89 334 3430.

Nesebar

Plakamoto (C)
Asomado a un acantilado de la península, salón y terrazas privilegiados. Carta extensa con especialidad en pescado fresco de la zona, vinos locales y excelentes postres caseros.
✉ Van Aleksander 8.
☎ +359 88 880 7239.

Metropolia (M)
Junto a las ruinas de Santa Sofía, ambiente marinero y heleno en una tradicional de la costa del mar Negro, con especialidad en pescados y maricos. Muy cerca se encuentra el también recomendable Old Sailor.
✉ Dragomir 8.
☎ +359 87 741 1616.

Clio
Heladería con muchos sabores, todos hechos en el local, además de sorbetes, batidos y dulces en general. Tras el Arqueológico.
✉ Andzhelo Ronkali.
☎ +359 87 890 8355.

Sozopol

En Sozopol no es fácil encontrar comida barata en el casco viejo pero sí en los muchos bares y puestos de comida callejera que hay en el paseo marítimo, junto a las playas.

El Molino (M)
En una casa típica del mar Negro, asomada a los acantilados, con vistas a San Iván. La comida es servida por camareros con trajes típicos y ofrecen una carta extensa de platos regionales no muy abundantes pero bien preparados, con especialidad en pescados frescos del día. Lunes, miércoles y viernes de verano, espectáculos folclóricos a las 21 h. Busquen el rótulo Вятърна Мелница о, más sencillo: un pequeño molino de madera.
✉ Morski skali 27.
☎ +359 5 502 2844.

Del Muro (M-C)
Junto a la vieja muralla sur y con una ubicación encantadora, comida italiana y mediterránea con preparaciones y presentaciones delicadas, de acuerdo a su servicio.
✉ Milet 40.
☎ +359 87 600 2171.

I Alojamiento

SOFÍA

No hay muchas plazas de precio medio en el centro, por lo que conviene reservar con antelación, siendo a menudo más fácil hacerse con un apartamento. La capital búlgara es un buen lugar en el que darse un lujo dados sus precios competitivos; los mejores cinco estrellas son Hyatt y el Intercontinental, aunque no son los que tienen más personalidad.

Grand Hotel Sofia *****

Al sur de la plaza del Jardín Municipal, clásico local un edificio mitad de piedra e histórico, mitad de cristal y moderno. Han pasado ya muchos años desde su restauración, pero sigue ofreciendo mucho confort y siendo un referente.
- ✉ General Gurko 1.
- ☎ +359 2 811 0811.
- 🖥 www.grandhotelsofia.bg
- 🍽 Desde 300 lv.

Sofia Balkan Palace *****

Situado en el Palacio Presidencial, abrió en 1956 para ofrecer lujo a la élite política del régimen del "todo para el pueblo". Clásico y palaciego, es el cinco estrellas más pomposo, aunque no el de servicios más pulidos; priman la experiencia y la ubicación.
- ✉ Sveta Nedelya 5.
- ☎ +359 2 981 6541.
- 🖥 www.sofiabalkan palace.com
- 🍽 Desde 340 lv.

All Seasons Residence*****

En las faldas de los montes Vitosha, junto a la iglesia de Boyana y con vistas a la ciudad, caserón de montaña bien equipado pero quizá sobrevalorado en su categoría.
- ✉ Pl. Sborishte 4.
- ☎ +359 88 396 0009.
- 🖥 www.allseasons residence.com
- 🍽 Desde 180 lv.

Junó ****

Uno de los más modernos y mejor equipados del centro, con inmejorable ubicación para el turismo. Sus habitaciones panorámicas son unas de las más caras de la ciudad. Buen restaurante.
- ✉ Ivan Denkoglu 40.
- ☎ +359 2 489 7000.
- 🖥 junohotel.com
- 🍽 Desde 300 lv.

COOP****

Palacete rehabilitado al norte de la zona monumental. Habitaciones impecables y minimalistas con excelente relación calidad-precio de su categoría.
- ✉ Iskar 30.
- ☎ +359 2 452 1460.
- 🖥 www.coophotel.bg
- 🍽 Desde 220 lv.

Rosslyn Thracia****

Favorito de los viajeros de negocios pero en una ubicación ideal para el turismo, cuenta con unos interiores funcionales, muy bien equipados, amplios y acogedores. Hay parking.
- ✉ Solunska 30.
- ☎ +359 2 801 7900.
- 🖥 www.thracia.rosslyn-hotels.com
- 🍽 Desde 250 lv.

Art 'Otel****

En una calle tranquila, edificio histórico reconstruido con habitaciones ligeramente pequeñas, pero con equipamiento moderno y de calidad. Buen servicio.
- ✉ William Gladstone 44.
- ☎ + 359 87 781 9035.
- 🍽 Desde 330 lv.

Les Fleurs****

En una zona animada y de trasiego, ocupa un edificio de nueva construcción con 4 habitaciones, cada una decorada a su manera con las flores por motivo.
- ✉ Bul. Vitosha 21.
- ☎ +359 2 810 0800.
- 🖥 www.lesfleurshotel.com
- 🍽 Desde 275 lv.

Art Hotel 158 ***

Al norte de Serdika, camino a la estación de trenes, habitaciones y apartamentos reducidos y funcionales a precios muy competitivos. Sobre el Rock Bar 158 que organiza conciertos.
- ✉ Knyaz Boris I 158.
- ☎ +359 88 343 4158.
- 🖥 www.arthotel158.com
- 🍽 Desde 140 lv.

Sofia Place Hotel***

De lo mejor en la relación calidad-precio. Habitaciones modernas y sencillas pero bien equipadas. Ubicación ideal en una calle tranquila.

- ✉ Hristo Belchev 29.
- ☎ +359 2 481 1400.
- 🖰 www.sofiaplace
  hotel.com
- 🛏 Desde 140 lv.

5 Vintage
En un patio tranquilo, ocho habitaciones acogedoras casi nuevas con decoración *vintage* y una cocina común (sin desayuno). Las más básicas comparten el baño. Excelente relación calidad-precio si se reservan al menos cinco noches: desde 80 lv (baño compartido) o 150 lv (privado); para noches individuales el precio se duplica.
- ✉ William Gladstone 49.
- ☎ +359 88 896 1606.
- 🖰 www.5vintage.bg

L'Opera House***
Ideal para presupuestos ajustados: casita con jardín. Habitaciones pequeñas, sencillas pero bien equipadas. Es más bien una pensión o casa de huéspedes.
- ✉ París 8.
- ☎ +359 2 980 6126.
- 🖰 hotel-lopera.com
- 🛏 Desde 120 lv.

Favorit ***
Para los que están de paso, hotel funcional junto a la estación de trenes.
- ✉ Knyaz Boris I 193.
- ☎ +359 2 931 9391.
- 🖰 www.hotelfavorit.bg
- 🛏 Desde 120 lv.

Cheap**
También junto a la estación y aún más barato, cuartos austeros, limpios y relativamente modernos.
- ✉ Knyaz Boris I.
- ☎ +359 2 440 0031.
- 🖰 www.hotel-cheap.bg
- 🛏 Desde 90 lv. Sin desayuno.

Hostel Mostel
El más veterano entre los albergues se ubica en una agradable casona con vigas de madera. Todos los servicios esperables y una sala común. Las plazas vuelan.

- ✉ Bul. Makedonia 2
  Makedonia 2.
- ☎ +359 88 922 3296.
- 🖰 www.hostelmostel.com
- 🛏 Dormitorios compartidos: 20 lv y dobles con baño compartido: desde 60 lv.

PLOVDIV

La oferta hotelera está por desarrollar en el centro, particularmente la de calidad media-alta, aunque sí hay bastantes alojamientos de tres estrellas, pequeños, con carácter, modernos y de calidad. Es buena idea reservar con antelación o, de nuevo, acudir a los más abundantes apartamentos. Los que busquen tranquilidad y establecimientos pintorescos, harán bien en alojarse en Trimontium.

Vizualiza
Residence *****
Este proyecto ha devuelto a la vida a un elegante edificio decimonónico en el corazón del casco viejo, aplicándole una remodelación integral para ofrecer habitaciones y apartamentos amplios y luminosos, además de spa y su afamado restaurante Valere.
- ✉ Angel Bukureshtliev 15.
- ☎ +359 88 633 2325.
- 🖰 vizualizahotel.com
- 🛏 Desde 300 lv.

The Emporium Plovdiv - MGallery *****
Espectacular y modernísima arquitectura de interiores además de buen restaurante. Ligeramente apartado de sus zonas de interés y animación
- ✉ Kapitan Raycho 66.
- ☎ +359 3 238 6600.
- 🖰 all.accor.com
- 🛏 Desde 350 lv.

Gallery 37
Cuatro habitaciones, una por planta, en una zona encantadora de Trimontium, con calles empedradas y

laberínticas, junto al teatro romano. Presumen de un servicio cinco estrellas, pero no es un hotel propiamente dicho (sin restaurante).
- ✉ Todor Samodumov 3
- ☎ +359 87 737 0037.
- 🖰 www.hotelgallery37.com
- 🛏 Desde 300 lv.

DoubleTree by Hilton Plovdiv Center ****
Seguramente sea la mejor opción en su calidad-precio, al menos para quienes prefieran la comodidad por encima de la experiencia. En los límites de la ciudad vieja.
- ✉ Sveta Petka 1.
- ☎ +359 3 235 0000.
- 🖰 www.hilton.com
- 🛏 Desde 200 lv.

Residence
City Garden ****
Junto a la fuente de los jardines del Zar Simeón, a un agradable paseo de 10 minutos hasta el corazón del casco viejo, un palacete señorial de decoración clásica, luminoso y acogedor.
- ✉ Veliko Tarnovo 19
- ☎ +359 88 677 6000.
- 🖰 residencecitygarden.com
- 🛏 Desde 320 lv.

Landmark Creek****
En un entorno tranquilo 5 km al oeste del casco viejo, a orillas de un complejo para deportes de remo y con una gran piscina, habitaciones cálidas y acogedoras.
- ✉ Sv Valentine 3.
- ☎ +359 89 220 2570.
- 🖰 www.landmarkhotel.bg
- 🛏 Desde 140 lv.

Capital City Center
Junto a las estaciones de tren y autobús, apartamentos de gama alta, amplios, luminosos y, la mayoría, con balcón. No es oficialmente un hotel pero cuenta con recepción, bar, gimnasio y spa.
- ✉ Hristo Botev 49.
- ☎ +359 88 730 1010.
- 🖰 www.capitalcitycenter.bg
- 🛏 Desde 150 lv.

Boutique Guest House Coco

En el barrio de Kapana, instalaciones que conjugan lo clásico y lo moderno.

- ✉ Hristo Dyukmedzhiev 32.
- ☎ +359 87 880 1883.
- 🖱 www.coco-plovdiv.com
- 🛏 Desde 250 lv.

8¹/² Art Guest House ***

Jjunto a la plaza del Ayuntamiento, pequeño hotel de buenas instalaciones, con habitaciones clásicas pero con colores intensos y notas modernas donde no se descuida la comodidad.

- ✉ General Gurko 15.
- ☎ +359 32 396 699.
- 🖱 www.artguesthouse.com
- 🛏 Desde 140 lv.

Evmolpia***

A las faldas de Trimontium, alojamiento coqueto en una casita azul de nueva construcción que imita a las tradicionales del barrio, también en sus interiores, con mobiliario entre palaciego y de casa de abuela.

- ✉ Pernik 4.
- ☎ +359 3 295 7795.
- 🖱 www.hotelevmolpia.com
- 🛏 Desde 150 lv.

Bright House***

En Kapana, tan solo tres apartamentos modernos, luminosos y amplios: dos dobles y uno cuádruple, dos con terraza. No es un hotel, pero hay desayuno previa solicitud. Solo reservas para estancias desde tres noches.

- ✉ Georgi Benkovski 21.
- ☎ +359 3 265 0800.
- 🖱 www.brighthouse-pl.com
- 🛏 Desde 130 lv.

Old Plovdiv (Staryat Plovdiv)***

En Kapana, habitaciones o apartamentos de tamaño reducido (excepto los superiores) pero cómodos y bien equipados. Spa, gimnasio y restaurante. Excelente relación calidad-precio.

- ✉ Georgi Benkovski 15.
- ☎ +359 87 834 8833.
- 🖱 www.oldplovdivbg.com
- 🛏 Desde 130 lv.

Dafi***

En Kapana, pequeño, sencillo y funcional. Un tanto venido a menos, pero puede ser socorrido.

- ✉ Georgi Benkovski 23.
- ☎ +359 3 262 0041.
- 🖱 www.hoteldafi.com
- 🛏 Desde 120 lv.

Old Plovdiv (Hostel)*

En el corazón de Trimontium, albergue atípico con mucha madera, pinturas murales y mobiliario clasicista que evoca el Renacimiento Nacional. Los desayunos en el patio son fabulosos.

- ✉ Chetvarti yanuari 3.
- ☎ +359 32 26 09 25.
- 🖱 www.hosteloldplovdiv.com
- 🛏 Privadas con baño compartido: desde 10 lv y dormitorios compartidos: por 30 lv.

Ginger House

Un poco más allá, bajo la colina de los Libertadores, un par de habitaciones privadas (desde 50 lv) y un pequeño dormitorio común (literas desde 22 lv). Ambiente familiar y personal agradable.

- ✉ Preslav 47.
- ☎ +359 89 513 9870.

Monasterio de Bachkovo

Habitaciones súper austeras dobles, triples y cuádruples por 50 lv por persona. Las parejas que no estén casadas no pueden compartir habitación.

- ✉ Bachkovo.
- ☎ + 359 3 327 2277.
- 🖱 www.bachkovski manastir.com

RILA

Las opciones son bastante austeras alrededor del monasterio y los Siete Lagos.

Incluso Blagoevgrad apenas tiene establecimientos de tres estrellas, así que los que exijan comodidades harán bien en alojarse en Borovets.

Monasterio de Rila

Llamando con antelación se puede hacer noche en las celdas del monasterio. Unos 50 lv por persona en habitaciones triples.

- ✉ Rilski Manastir, Kyustendil.
- ☎ +359 89 687 2010.
- 🖱 www.rilskimanastir.org

Khan Dyavolski Vodi

Habitaciones austeras a 10 km del monasterio de Rila, con restaurante de especialidades locales y trucha.

- ✉ Pastra, Kyustendil.
- ☎ +359 88 978 2646.
- 🖱 www.handyavolski vodi.com
- 🛏 Desde 50 lv.

Panorama

Subiendo hacia los Siete Lagos, hotel panorámico donde merece la pena pagar la diferencia por las habitaciones orientadas al monte: desde 60 lv. Amplias, luminosas, modernas y bien equipadas.

- ✉ Panichishte 22, Sapareva Banya.
- ☎ +359 87 954 0450.
- 🛏 Desde 80 lv.

The Lodge****

Hhabitaciones luminosas y mucho mejor equipadas que las del anterior.

- ✉ Borovets.
- ☎ +359 75 033 840.
- 🖱 thelodgehotel.eu/bg
- 🛏 Desde 180 lv.

Flora-Daisy

Apartamentos próximos al telecabina. Con balcón, cocina y salón-dormitorio, servicios de desayuno. Opción de apartamentos cuádruples.

- ✉ Borovets.
- ☎ +359 88 820 6070.
- 🖱 daisy-residence.com
- 🛏 Desde 180 lv.

BANSKO

La zona con más encanto es la histórica, pero puede ser más práctico alojarse junto a la Gondola, la llamada *ski zone*, o junto a alguno de los hoteles por los que pasa el bus que sube hasta Banderishka entre el 1 de julio y el 15 de septiembre: **hotel Mura***, **Strazhite**** y **Kempinski Grand****.

Uniqato*****
Excelente hotel boutique con habitaciones superiores con balcón y hasta chimenea. Materiales nobles que lo hacen especialmente acogedor los días de frío.
- ✉ Pirin 119.
- ☎ +359 88 462 1109.
- 🌐 www.uniqatobansko.com
- 🛏 Desde 200 lv.

Momini Dvori***
Pequeño hotel cómodo, acogedor y con buenas calidades, mezcla lo rústico, lo antiguo y lo moderno no siempre con acierto. El restaurante no es su fuerte.
- ✉ Nikola Y. Vaptsarov 2.
- ☎ +359 88 853 0695.
- 🌐 www.mominidvori.com
- 🛏 Desde 150 lv.

Khan Kadiata
En la zona más bella del casco viejo, casa de huéspedes sencilla, funcional, luminosa y bien equipada.
- ✉ Yane Sandanski 8.
- ☎ +359 89 996 9369.
- 🛏 Desde 100 lv.

MELNIK

Zornitza Family State
A 7 km de Melnik, villa de lujo con casitas de piedra panorámicas levantadas alrededor de un jardín con piscina y rodeadas a su vez por los bellos viñedos de esta prestigiosa bodega. Spa, alta cocina de autor, catas de vino y visitas guiadas a los alrededores.
- ✉ Zornitsa.
- ☎ +359 88 880 9134.
- 🌐 www.zornitzaestate.com
- 🛏 Desde 400 lv.

Chavkova**
También recomendado como restaurante, ofrece habitaciones modernas, sencillas y de tamaño reducido con unas calidades por encima de lo esperable.
- ✉ Melnik.
- ☎ +359 89 350 5090.
- 🛏 Desde 100 lv.

Zlaten Rozhen
En la vecina localidad de Rozhen, en una casa de campo, habitaciones acogedoras y bien equipadas. El restaurante, de la bodega homónima, ofrece asados para grupos y vinos propios.
- ✉ Rozhen.
- ☎ +359 88 840 2666.
- 🌐 www.hotelzlaten rozhen.com
- 🛏 Desde 150 lv.

REGIÓN DE DELCHEVO

Leshten se ha convertido en una de las capitales del turismo rural de Bulgaria. Un poco más arriba, Kovachevitsa es más salvaje y auténtica, aunque con menos comodidades.

Leshtenski Rai
Casa de huéspedes en una bella construcción tradicional. Comodidad sin perder esencias en materiales y decoración.
- ✉ Leshten.
- ☎ +359 88 542 0440.
- 🛏 Desde 70 lv.

Vesko & Suzi
Casa de huéspedes en la que vive una familia local ganadera y agrícola que ofrece, en su pequeño restaurante, exquisitas materias primas de su cosecha.
- ✉ Kovachevitsa.
- ☎ +359 89 482 5552.
- 🛏 Desde 80 lv.

MONTES BALCANES

Palas****
El mejor hotel de Kazanlak es casi la única opción para los que exigen comodidades.
- ✉ Akademik Petko Staynov 9, Kazanlak.
- ☎ +359 431 621 61.
- 🌐 www.hotel-palas.com
- 🛏 Desde 120 lv.

Bulgari
Apartamentos sencillos, baratos y bien equipados. Sin recepción, hay que llamar con antelación o reservar en portales online.
- ✉ Hristo Botev 7, Kazanlak.
- ☎ +359 89 667 3677.
- 🌐 hotel-kazanlak.com
- 🛏 Desde 55 lv.

Pastarvata***
Complejo vacacional relativamente moderno y bien equipado en la misma falda de la montaña.
- ✉ Kosta Dzunov, Enina.
- ☎ +359 432 620 17.
- 🛏 Desde 80 lv, apartamentos 160 lv.
- 🌐 www.pastarvata-bg.com

Art-M Gallery***
En la plaza vieja de Tryavna, hotelito con encanto en una casa antigua cuyo interior va necesitando una refor-

ma aunque sigue siendo cómodo.

✉ Agenl Kanchev 20, Tryavna.
☎ +359 88 709 7373.
🛏 Desde 120 lv.

VELIKO TARNOVO

Las tiendas y restaurantes se concentran alrededor del monumento a la Madre Bulgaria, siendo la zona de animación del casco viejo las avenidas más próximas a esta (bul. Nezavisimost y ul. Stefan Stambolov).

Yantra Grand****

Es la opción más cómoda de Tarnovo: con plazas de aparcamiento, piscina, spa... y un salón panorámico fabuloso.

✉ Opalchenska 2.
☎ +359 6 260 0607.
🕮 www.yantrabg.com
🛏 Desde 160 lv (las hay con vistas a la fortaleza).

Studio***

Hotel panorámico de reciente apertura. Habitaciones amplias, luminosas y muy acogedoras.

✉ Todor Lefterov 4.
☎ +359 89 571 5577.
🕮 www.studiohotel-vt.com
🛏 Desde 130 lv.

Gurko***

En una de las calles más bellas de la zona vieja y con vistas al meandro y al monumento Asen. Habitaciones sencillas con pinceladas rústicas con encanto.

✉ General Gurko 33.
☎ +359 88 785 8965.
🕮 www.gurkohotelwg.com
🛏 Desde 160 lv.

Park Asenevtsi

Resort vacacional, ya en pleno bosque. Habitaciones amplias, modernas y muy bien equipadas, además de piscina, sauna, spa...

✉ Opalchenska 77.
☎ +359 6 253 8888.
🕮 www.asenevtsi.bg
🛏 Con balcón desde 140 lv.

Stambolov**

Apartamentos sencillos, modernos y bien equipados, la mayoría con vistas al monumento Asen.

✉ Stefan Stambolov 27.
☎ +359 87 827 0551.
🕮 www.hotel-stambolov.com
🛏 Desde 100 lv.

Play***

Hotel moderno, luminoso y con buenas calidades en el equipamiento. Habitaciones sencillas pero acogedoras.

✉ Rafael Mihailov 2.
☎ +359 88 280 9000.
🛏 Desde 90 lv.

Priyateli***

Hotel sencillo, razonablemente bien equipado, con buen desayuno, un patio agradable y precios muy competitivos.

✉ Konstantin Kisimov 11.
☎ +359 89 915 5710.
🛏 Desde 80 lv.

Rooster Hostel

Albergue coqueto con habitaciones de casita de muñecas. Bien equipado en cualquier caso.

✉ Kapitan Dyado Nikola 2.
☎ +359 88 838 8185.
🛏 Privadas desde 60 lv, dormitorios desde 24 lv.

VARNA

En el casco antiguo abundan los apartamentos que, a menudo, constituyen una opción mejor que los hoteles atendiendo a la relación calidad-precio.

Grand London*****

El más distinguido del centro, abierto en 1912: habitaciones y salas palaciegas.

✉ Musala 3.
☎ +359 5 266 4100.
🕮 www.londonhotel.bg
🛏 Desde 300 lv.

Hi Hotel Boutique

Palacete de 1923 céntrico, con salones elegantes y habitaciones más funcionales.

✉ Khan Asparuh 11.
☎ +359 52 657 777.
🕮 www.hotel-hi.com
🛏 Desde 200 lv.

Belle Époque

Coqueto hotel familiar frente a la playa. Habitaciones luminosas, funcionales y acogedoras, algunas con algo de ruido.

✉ Primorski 43.
☎ +359 5 299 7890.
🕮 www.hotelbelleepoque.bg
🛏 Desde 120 lv.

Hostel Musala

En uno de los edificios más elegantes del centro, de 1927. Habitaciones bien equipadas, amplias y luminosas desde 50 lv, un apartamento familiar desde 100 lv y camas en dormitorios compartidos desde 24 lv.

✉ Musala 1.
☎ +359 89 666 3379.
🕮 hostelmusala.com

LA COSTA SUR

Burgas

Boutique Promenade

Pequeño hotel de lujo, abierto recientemente. Si no hay plazas, el vecino **Primoretz Grand***** es una alternativa a la altura. Ambos tienen excelentes restaurantes.

✉ Knyaz Aaleksander Batenberg 32.
☎ +359 88 322 3939.
🕮 www.hotelpromenade.bg
🛏 Desde 300 lv.

Nesebar

Villa Elea

Casita tradicional completamente restaurada y equipada con excelente mobiliario. Habitaciones y apartamentos amplios, cálidos, luminosos y con encanto.

✉ Krajbrezhna 27.
☎ +359 88 433 4181.
🛏 Desde 150 lv.

Oficinas de cambio sin comisión

Sofía
En los espacios icónicos del centro son habituales los malos precios o las comisiones.

C999
Entre la estación y el centro.
- ✉ Hristo Botev 104.
- 🕐 Lu-sa, 10-18 h.

Nikar 2005
En una bocacalle a mitad de la zona peatonal de Vitosha.
- ✉ Gladston 31.
- 🕐 9-21 h.

Nikar
Llegando a la iglesia de los Siete Santos.
- ✉ Graf Ignatiev 36.
- 🕐 9-19 h.

Plovdiv
La plaza Grozdov Pazar es el mejor lugar para cambiar, con varias casas abiertas 24 horas que ofrecen los mejores precios de la ciudad.

Money Gram
Junto a la mezquita Dzumaya.
- ✉ Tsaribrod 2.
- 🕐 8.30-16 h, do 9.30-17 h.

Rila y Pirin
Hay casas de cambio en localidades como Bansko y Borovets, pero los precios pueden ser abusivos o incluir comisiones: se recomienda cambiar con antelación.

Kirits
- ✉ Pirin 23, Bansko.
- 🕐 Lu-sa, 9-20 h; do 9-14 h.

Montes Balcanes

Kazanlak
Junto a la oficina de información, cruzando la avenida hay un par de bancos que abren de lunes a viernes hasta las 17 h. Entre ellos hay dos oficinas de cambio con mejores precios que abren hasta las 18 h y también los sábados.
- ✉ pl. Sevtopolis nº11-15.

Cambio en Tryavna
Podría cobrar comisión ocasionalmente.
- ✉ Angel Kanchev 13.
- 🕐 Lu-vi, 8.30-17 h.

Western Union (Veliko Tarnovo)
- ✉ Hristo Botev 1.
- 🕐 10-19 h, do a 18 h.

Draganovi 2406 (Veliko Tarnovo)
- ✉ Stefan Stambolov 64.
- 🕐 9-19 h.

VARNA
Buenos precios.

Western Union
- ✉ Maria Luiza 9.
- 🕐 Lu-do, 9-19 h.

Elana Trading
- ✉ Slivnitsa 8.
- 🕐 Lu-sa, 9-17 h.

La costa
Los precios son abusivos en Nesebar, y en Sozopol escasean, así que es mejor cambiar en Burgas.

Lotos (Burgas)
- ✉ Aleksandrovska 32, Burgas.
- 🕐 Lu-do, 9.30-19.30 h.

Central Cooperative Bank (Sozopol)
Por ahora el único lugar en el que cambiar moneda en el casco viejo de Sozopol. Admiten cheques de viaje.
- ✉ Apolonia 17.
- 🕐 Lu-vi, 8.30-17 h.

Sveti Nikola***
Habitaciones modernas, cómodas y funcionales en un edificio moderno. Algunas tienen terraza con vistas a la bahía.
- ✉ Jana Chimbuleva 2.
- ☎ +359 88 965 4642.
- 🌐 www.hotel-st-nikola.com
- 💶 Desde 100 lv.

Sozopol

Art hotel Sozopol
En una de las casas más fotografiadas de la península, asomada a la bahía. Tres habitaciones modernas, funcionales y acogedoras, con terraza y vistas al mar.

- ✉ Kiril i Metody 72.
- ☎ +359 87 865 0160.
- 🌐 www.arthotel-sbh.com
- 💶 Desde 110 lv.

Selena****
Construcción moderna y luminosa con habitaciones amplias, piscina, sauna, gimnasio… El vecino **Coral***** es una opción similar con precios más bajos.
- ✉ Yani Popov 7.
- ☎ +359 550 25300.
- 🌐 www.hotelselena-bg.com
- 💶 Desde 160 lv en temporada, y 80 lv en la baja; con vistas al mar desde 180 lv y 90 lv.

❙ Compras

Bulgaria es el principal productor mundial de **aceite de rosa**, en la composición de miles de cosméticos del mundo por sus propiedades regeneradoras. El Insituto de la Rosa promociona el producto y evita falsificaciones a nivel industrial, pero de cara al consumidor final no hay un distintivo oficial que garantice la procedencia. La cerámica (característica por sus dibujos concéntricos en recipientes con el barro cocido parcialmente a la vista), la artesanía de madera y las pieles son también productos típicos, además de los **iconos**. El **vino** también es típico; pasado el control de seguridad del aeropuerto de Sofía, hay una tienda con representación de las mejores bodegas del país.

SOFÍA

El eje comercial que más interesa a visitantes gira en torno a las calles peatonales Vitosha y Graff Ignatev. Las compras de tipo local se suelen hacer al este de la mezquita Banya, bien en el Mercado Central de 1911, bien en la peatonal Pirotska, bien en el mercado de Las Mujeres. Los antiguos almacenes comunistas TZUM de la plaza de la Independencia aún conserva parcialmente su faceta comercial, ahora con tiendas casi de lujo. En los subterráneos de la misma plaza hay montones de quioscos con los clásicos suvenires y muchos cosméticos con rosa de Bulgaria.

Gifted Sofia

La empresa que organiza los *free tours* tiene una tienda de recuerdos con diseños modernos y originales. Los clásicos imanes, postales y tazas, además de artesanía, jabones, hierbas aromáticas, maquetas, cacharrería retro… Es también centro de información, agencia de guías, consigna de equipaje y alquiler de bicicletas.
- ✉ Ivan Denkoglu 24.
- ☎ +359 98 825 2032.
- ⊙ 10.30-13 h y 14-19.30 h.
- ⌂ www.giftedsofia.com

Bulgarian shop

Mucho más tradicional, con una mezcla de artesanía, suvenires, piezas religiosas…
- ✉ Pirotska 11.
- ⊙ Lu-sa, 9-19 h.

Bulgarian Rose

La franquicia más céntrica de esta cadena nacional dedicada a los cosméticos derivados del aceite de rosa de Bulgaria.
- ✉ Tsar Osvoboditel 12.
- ⊙ 10-19 h.
- ⌂ www.bulgarianrose.bg

Vino Orenda

Especializada en vinos nacionales, organiza eventos y catas para probar producciones locales selectas.
- ✉ Bul. Makedonia 50A.
- ⊙ lu-sa, 10.30-19.30 h.
- ⌂ www.vinoorenda.com

Mercadillo de iconos

Cuando no llueve se venden iconos (generalmente modernos, de artistas locales) y otros objetos relacionados con la Ortodoxia, aunque también se puede encontrar alguna antigüedad no religiosa.
- ✉ Georgi S. Rakovski 92.
- ⊙ 10-18 h.

Zhenski Pazar

El "Mercado de las Mujeres" se celebra desde finales del XIX al oeste de la sinagoga. Con aspecto renovado pero todavía en formato semicallejero, no

tiene demasiado encanto visual pero sí buenos productos de alimentación y algo de artesanía y antigüedades. Los fines de semana son habituales los mercadillos gastronómicos.
- ✉ Stefan Stambolov.
- ⊙ 10-18 h.

Mercadillo de Malashevtsi

El llamado "bitpazar" es solo apto para los auténticos amantes de los mercadillos de fin de semana, con muchas baratijas y pocas antigüedades, además de escenas algo sórdidas en las calles aledañas.
- ✉ Lavandula 45.
  Vasil Kanchev (Kaufland), bus 86.
  Most na Vladaiska Reka, bus 20.
  Ambos desde el puente de los Leones (hacia la estación).
- ⊙ Sa-do, 7-13 h.

PLOVDIV

Al norte de la mezquita, la peatonal Rayko Daskalov es más comercial que, al sur, Knyaz Alexander I. Alrededor del centro comercial Hali y en el puente peatonal sobre el río Maritsa, hay montones de tiendas, aunque más orientadas al comercio local.

Para comprar suvenires, es más interesante callejear por Kapana o subir por Saborna. La anunciada "calle de los artesanos" *(ulitsa na Zanayatite)* de Trimontium por ahora es solo un nombre sin fundamento.

Antique Saborna
En Trimontium, anticuario serio con piezas interesantes.
- ✉ Saborna 12A.
- ☎ +359 89 766 0088.
- ⏱ 9.30-18 h.

La casa de la destilación
Casita decorada con herramientas de destilación. Venden rakia y otros licores de fabricación artesana en tamaños que se pueden introducir en la cabina del avión.
- ✉ Tsanko Lavrenov 5.
- ☎ +359 88 971 5750.

MONTES BALCANES

Mercadillo de Kazanlak
Venido a menos, vende ropa y alimentos locales, aunque suele haber algún puesto de antigüedades y recuerdos.
- ✉ Slavyanska 11.
- ⏱ 8-18 h.

Productos de rosa (Kazanlak)
Junto a la tumba tracia, el **museo Etnográfico** gana enteros con las mermeladas y licores de rosa caseros que pueden degustar con la entrada y también comprar. En el museo hay también muchos cosméticos.
- ✉ Nikola Petkov 18.
- ⏱ Verano, 9-17.30 h.
- 🍴 6 lv + 5 lv con degustación.

Etara
El complejo etnográfico es uno de los mejores mercadillos de artesanía del país, donde se puede ver a los maestros en plena faena.
- ✉ General Derozhinski 144.
- ⏱ Oct-abr, 9-17 h; may-sep, 9-19 h.
- 🌐 www.etar.bg

Tryavna
En la fachada del museo de la Escuela Vieja que da a la iglesia hay una serie de talleres de artesanos de la cerámica y la madera, incluyendo el clásico taller de fotografías retro. Generalmente solo abren los fines de semana o en verano.

Samovodska Charshia (Veliko Tarnovo)
El mejor mercado de recuerdos de Bulgaria es este pequeño callejón empedrado donde se ubican más de 20 maestros artesanos y artistas. Joyas, iconos, hierbas, piezas de madera, cerámica o cobre, paños folclóricos, fotografías de estudio retro…

- ✉ Georgi S. Rakovski.
- ⏱ 10-18 h aprox.

VARNA

En los jardines municipales, alrededor de la torre del reloj, colocan sus puestos de venta artesanos, pintores y también vendedores de los clásicos suvenires.

Bohotopia
Es la tienda de un artesano y coleccionista local que ofrece productos "retro y bohemios"; para recuerdos con algo más de carácter.
- ✉ Sheynovo 1.
- ☎ +359 896 70 5152.
- ⏱ Ma-sa, 10-20 h.
- 🌐 www.bohotopia.com

Provence House
En una preciosa casa de piedra, anticuario de alto nivel donde encontrar piezas decorativas exclusivas.
- ✉ Preslav 19.
- ☎ +359 89 700 9795.
- ⏱ Lu-sa, 10-18 h.
- 🌐 https://antiquesfrance.bg/

LA COSTA SUR

Nesebar

Antikvariat Dimitar Dochev
Toda la península es un supermercado de suvenires. Una curiosa excepción es este anticuario, tienda de artesanía, donde lo mismo se encuentran baratijas soviéticas que telas regionales.
- ✉ Mesembrija 37.
- ☎ +359 88 706 0444.
- 🌐 www.steampunk.gallery

Sozopol

Antikvariat
Junto al puerto hay varios puestos de suvenires y artesanía, aunque este pequeño anticuario ofrece recuerdos con más carácter.
- ✉ Kiril i Metody 23.
- ⏱ Jun-sep, ma-do, 10-22 h.

Ocio y actividades en familia

SOFÍA

Free Sofia Tour
En español, todos los días a las 11 h y los viernes una extra a las 18 h; en inglés, a diario a las 11 h, 14 h y 18 h. Sale desde el Palacio de Justicia y dura 2 horas aprox. Además de esta modalidad "gratuita", ofrecen otras de pago: tour comunista, cultural y alternativo.
- ✉ Bul. Vitosha 2.
- 🖰 www.freetoursofia.com

Balkan bites
Los "bocados balcánicos" organizan tours gastronómicos, comunistas y de arte urbano, además del *pub crawl* más famoso, a diario a las 21 h en el parque Krystal (20 lv).
- ☎ +359 87 761 3992.
- 🖰 freesofiatour.com

Traventuria
Especializada en viajes de montaña y naturaleza por todo el país, tiene una plataforma llamada "Sofia Day Tours" que organiza excursiones culturales y naturales de un día desde Sofía.
- 🖰 www.sofiadaytours.com

City Sightseeing Bulgaria
Los clásicos autobuses descapotables son bastante oportunos en esta ciudad de avenidas amplias y vistas abiertas. Tres salidas al día tras la catedral Nevski a las 10.30 h, 12 h y 13.15 h.
- 🖰 www.citysightseeing.bg
- 🖰 20 lv.

Sofia Bike Rental
Alquiler de bicicletas bien ubicado para salir del centro hacia las zonas verdes del este y el sur.
- ✉ 6-ti Septemvri 19.
- 🖰 www.sofiabike.com

Muzeiko
Híbrido entre museo de ciencias y parque de atracciones infantil.
- ✉ Professor Boyan Kamenov.
- 🚇 G. M. Dimitrov.
- 🕐 Ma-do, 10-18 h.
- 🎟 Adultos 10 lv, niños 6 lv.
- 🖰 www.muzeiko.com

Teatro Nacional Ivan Vazov
La sala más elegante de Sofía. Pequeño pero una actividad frenética.
- ✉ Dyakon Ignatiy 5.
- 🖰 www.nationaltheatre.bg

Palacio Nacional de la Cultura
El palacio de congresos se hace más accesible con espectáculos donde gana protagonismo la música o la danza. Además hacen exposiciones temporales.
- ✉ Bul. Bulgaria.
- 🖰 www.ndk.bg

PLOVDIV

Free Tours
Desde el Ayuntamiento, tours "gratuitos" en inglés de 2 h aprox. Ofrecen otro adicional centrado en Kapana y la artesanía por 20 lv (solo sábados y domingos en el mismo horario que el general y con igual punto de partida).
- ✉ Stefan Stambolov 1.
- 🕐 May-sep, 11 h.
- 🖰 www.freeplovdivtour.com

Plovdiv Trips
Guías profesionales que realizan visitas por encargo, ya sea en la ciudad o en los alrededores, por ejemplo al monasterio de Bachkovo, al Valle de los Reyes Tracios, a la región vitivinícola del sur o a las montañas.
- ✉ Ilarion Makariopolski 13.
- ☎ +359 88 942 4576.
- 🖰 www.plovdivtrips.com

Bulgaria Wine Tours
Excursiones vitivinícolas de uno o varios días, además de degustaciones en la misma ciudad de Plovdiv. También ofrecen salidas desde Sofía.
- ✉ 6-ti septemvri 117.
- ☎ +359 88 445 5405.
- 🖰 www.bulgariawinetours.com

Plovdiv bike rent
- ✉ 6-ti septemvri 160.
- ☎ +359 88 439 1411.
- 🕐 10-19.30 h.

Foto Retro
Estudio fotográfico con indumentaria para mayores y niños: desde los ricos trajes regionales a los uniformes soviéticos pasando por los de los aristócratas del xix.
- ✉ Chetvari Yanuari 3.
- 🕐 Mi-do, 10.30-18 h.
- 🎟 10 lv por persona.
- 🖰 retrophotoplovdiv.com

Teatro Dramático Nacional
De 1881, ardió en 2013 pero una restauración lo ha devuelto a la vida. Se representan obras de teatro clásicas y modernas en búlgaro, aunque a veces puede haber danza folclórica en el contexto de algún festival.
- ✉ Knyaz Alexander I 38.
- ☎ +359 32 271 271.
- 🖰 dtp.bg

Casa de la Cultura "Boris Hristov"
Palacio real socialista de los años 50. Sede de la Ópera de Plovdiv, es un espacio frenético donde también se puede disfrutar de conciertos o fiestas temáticas.
- ✉ Gladston 15.
- ☎ +359 32 628 036.
- 🖰 www.domborishristov.com www.operaplovdiv.bg

Teatro Romano
Entre junio y septiembre sirve de escena para festivales de ópera, folclore y rock.
- ✉ Tsar Ivailo 4.
- ☎ +359 3 262 1040.

RILA

Traventuria
Alquiler de material de esquí y montaña en general. Ayudan con traslados y actividades invernales.
- ✉ Hotel Ela, Borovets.
- ☎ +359 2 447 2760.
- 🖰 www.skiborovets.bg

BANSKO

BTour
Agencia multiaventura con propuestas para hacer escalada, orientación, paseos a caballo, *paintball*…
- ✉ Pirin 27.
- ☎ +359 88 620 5953.
- ⏱ Lu-do, 10-17 h.
- 🖰 www.btour.org

Inter Bansko
Alquilan material de esquí, ofrecen cursos y durante el verano bicicletas.
- ✉ Pirin 92.
- ☎ +359 89 993 3343.
- ⏱ Lu-do, 8-22 h.
- 🖰 www.interbansko.com

Summer Bansko
Ofrece *rafting*, barranquismo, escalada; quads, 4x4, caballos… Y excursiones a pie o en bicicleta.
- ✉ Pirin 107.
- ☎ +359 87 867 6012.
- ⏱ Lu-do, 9-18 h.
- 🖰 www.summerbansko.com

RAFTING EN PIRIN

Adventure Net
Son líderes en *rafting*, kayak y canoa en el cañón del río Estrimón (Struma), al oeste de Pirin, aunque también organizan todo tipo de actividades de aventura.
- ✉ Krupnik, Blagoevgrad.
- ☎ +359 88 888 9371.
- 🖰 www.adventurenetbg.com

Reflip
Especialistas en aventuras sobre el agua en el Estrimón y en todos los Balcanes.
- ✉ Simitli.
- ☎ +359 87 750 5991.
- 🖰 reflipteam.com

VELIKO TARNOVO

Mini Bulgaria
Colección de maquetas al aire libre pensada para los más pequeños, con los principales monumentos del país. Poca sombra en verano.
- ✉ Grigoriy Tsamblak 16.
- ☎ +359 89 914 1674.
- 🖰 www.mini-bulgaria.com

VARNA

Ópera de Varna
Óperas de calidad a precios accesibles todo el año.
- ✉ Nezavisimost 1.
- 🖰 www.operavarna.com

Centro de Festivales y Congresos (ФКЦ)
Esta construcción de acero y cristales de 1986 ha pasado de moda demasiado rápido, aunque sigue siendo un referente cultural y de ocio, con salas de exposiciones, restaurantes, un club nocturno y el mayor auditorio de la ciudad. Los domingos de verano de 11 h a 18 h acoge un mercadillo de agricultores.
- ✉ Slivnitsa 2.
- 🖰 www.fccvarna.bg

Teatro de Marionetas
En pleno centro, es la sede de una de las compañías más prestigiosas del país. Tiene un pequeño museo.
- ✉ Sheynovo 5.
- ⏱ Ma-vi, 10-17 h; sa, 10-12 h.
- 💶 3 lv.
- 🖰 vnpuppet.com

Planetario
- ✉ Morska Gradina.
- ⏱ Pases: oct-mar, sa a las 17 h; abr, may y sept, ma, vi y sa a las 17 h; jun-ag, lu-sa, a las 17 h y a las 19 h.
- 💶 5 lv.
- 🖰 www.astro-varna.com

Zoo
Pequeño, cuenta con animales-estrella como el tigre, el oso pardo o el lobo.
- ✉ Primorski Park.
- ⏱ Jun-ago, 9-20 h; abr-may y sep, 9-19 h; invierno, 9-17.30 h.
- 💶 2 lv.
- 🖰 www.varna-zoo.com

Delfinario
- ✉ Primorski Park.
- ⏱ May-sept, 10.30 h, 12 h, 15.30 h y 17 h; primavera y otoño, 12 h y 15.30 h; invierno, 12 h.
- 💶 Invierno/verano: niños 14/20 lv, adultos 20/25 lv.
- 🖰 www.dolphinariumvarna.bg

Alquiler de bicicletas
- ✉ Makedonia 19.
- ☎ +359 88 405 8372.
- ⏱ Lu-do, 8-20 h.
- 🖰 www.rentabikevarna.com

LA COSTA SUR

Castillo de Ravadinovo
Construcción que imita un castillo de cuento de hadas. Es el sueño de infancia de su creador. En sus 3 ha, además de los jardines y estancias palaciegas, se puede visitar un pequeño zoo, un aqua-park, hacer catas de vino o apuntarse a alguno de los muchos eventos artísticos que organizan. Con reserva.
- ✉ Ravadinovo, 8146 Sozopol.
- ☎ +359 89 403 4184.
- 💶 20 lv, descuentos para niños.
- 🖰 www.windcastle.eu

❙ Fiestas y festivales

ENERO-FEBRERO

Kukeri. En todos los Balcanes se celebran rituales para ahuyentar a los malos espíritus haciendo pasacalles con unas máscaras terroríficas.
Trifon Zarezan. El primero de febrero en los pueblos vitivinícolas se celebra la poda de la vid.

MARZO

Baba Marta. El día 1, celebrando la llegada de la primavera, los búlgaros fabrican unas pulseras rojas y blancas llamadas *martenitsa* que han de llevar puestas hasta que se vea una cigüeña.

MAYO-JUNIO

Festival de la Rosa de Kazanlak. Entre finales de mayo y principios de junio, uno de los grandes eventos folclóricos.
🕸 www.rosefestivalka-zanlak.com
Nestinarstvo (Anastenaria). Danzas balcánicas sobre las ascuas a finales de mayo y principios de junio especialmente en la región de Strandzha (Istranca).
Meadows in the mountains. A principios de junio, en los Ródopes, festival de música independiente de diferentes estilos.
🕸 www.meadowsinthe mountains.com
Hills of rock. A finales de junio, en Plovdiv, bandas del rock internacional.
🕸 www.hillsofrock.com

JULIO

Primer sol de julio. La última noche de junio es tradicional pasarla a la intemperie, bien en las cimas de las montañas o cada vez más en la costa.

Festival de Arte Folclórico. A principios, en Bansko, marca el inicio extraoficial de la temporada de verano en Pirin.
Opera Open. Comenzando a finales de junio y durante todo el mes, prestigioso festival de ópera en el teatro romano de Plovdiv.
🕸 www.operaplovdiv.bg
WakeUp. Festival folclórico en las montañas con talleres de artesanía, muestras de canto y baile, conciertos… Ambiente familiar.
Wrong fest. A mediados, gran festival al aire libre de música rock búlgara.
🕸 www.wrong-fest.com

JULIO-AGOSTO

Festival Internacional de Música de Varna. En los lugares más icónicos de la ciudad: la Ópera, las termas, el teatro al aire libre, la Galería Municipal, la radio…
🕸 www.varnasummerfest.org
Festival de esculturas de arena en Burgas. Uno de los más populares de Europa, en el extremo norte de la playa o, desde la estación, con el autobús 12 hasta la parada Konstantin Velichkov.
🕸 www.sandfestburgas.com
Festival de Ópera de Varna. En el teatro al aire libre del jardín marítimo.
🕸 www.operavarna.com
Festival de Teatro en las Termas Romanas de Varna. Más de 20 espectáculos dramático-musicales.
🕸 www.operavarna.com

AGOSTO

Festival Internacional de Folclore de Plovdiv. A principios, en el teatro romano, con asociaciones folclóricas de todo el mundo que presentan sus mejores galas y bailes.

Festival de gaita de Gela. A principios, en esta localidad de los Ródopes, festival de sonidos étnicos búlgaros.
Jazz Festival Bansko. La primera semana, es uno de los eventos más importantes del país.
🕸 www.banskojazzfest.com
Zhervana. A mediados, en la localidad homónima, festival de danzas nacionales.
🕸 www.nosia.bg
Paneuritmia. El 19 de agosto, los seguidores del filósofo Peter Deunov se reúnen en los Siete Lagos de Rila para realizar su particular danza de la vida.
Beglika. A mediados-finales, en torno al embalse homónimo en los Ródopes, festival multidisciplinar con música balcánica, teatro, deportes de montaña…
🕸 www.beglika.org

SEPTIEMBRE

Feria Internacional de Artesanía. En Etara, a principios, de gran prestigio.
🕸 www.fair.etar.bg
Apollonia Fest. En Sozopol, la primera semana, eventos multidisciplinares en lugares icónicos del casco viejo.
🕸 www.apollonia.bg
Sound of the Ages. En el teatro romano de Plovdiv, festival de rock clásico.

NOVIEMBRE

Festival del Vino Joven. En Plovdiv, un fin de semana de catas de las recientes cosechas.

DICIEMBRE

Balkan Rakia Fest. Ocasión ideal para conocer el licor de alta graduación típico de la península de los Balcanes.
🕸 www.balkanrakiafest.com

La noche

SOFÍA

Hay dos zonas de animación: en el centro, alrededor de la cabecera de la calle General Yosif V. Gourko, y al sur, alrededor del Palacio Nacional de Cultura.

Art Club Museum
Bar-restaurante abierto 24 h en pleno centro. Platos internacionales, sencillos y a buen precio, además de una enorme carta de licores y cócteles. Ocupa parte de la antigua mezquita Buyk y por eso su terraza es de las mejores.
✉ Saborna 2.
☎ +359 89 356 4877.

Tobacco Garden Bar
Solo durante los anocheceres de verano, organiza conciertos al aire libre para su terraza. Músicas del mundo con gusto por ritmos latinos.
✉ Moskovska 6A.
☎ +359 88 460 0044.

Barbarossa
Local diminuto con decoración pirata, música rock y una acogedora parroquia local. Montones de chupitos y cervezas artesanas. En un patio junto a otros locales, karaoke incluido.
✉ Tsar Samuil 50.
🌐 www.barbarossa-bg.com

Magnito
Para un público algo más maduro, local elegante pero de ambiente desenfadado. Clásicos bailables del pop-rock y música en directo de miércoles a sábado.
✉ Lege 8.
☎ +359 88 814 4777.
🌐 www.magnito.bg

Petak (Friday)
Música negra y electrónica en uno de los locales con más carácter del centro,

escondido en un patio interior. Público joven, ambiente desenfadado y sin pretensiones. Abierto a diario desde 18 h hasta las 6 h, a veces hay conciertos o fiestas temáticas.
✉ General Yosif V. Gourko 21.
☎ +359 89 362 4062.
🌐 www.barfriday.bg

Terminal 1
Clásico nocturno popular y bullicioso. Ambiente industrial en una gran sala donde se hacen conciertos y fiestas eclécticas. De jueves a sábado desde medianoche.
✉ Angel Kanchev 1.
☎ +359 88 921 9001.

Once Upon a Time
En los sótanos de la Biblioteca Universitaria (acceso por la fachada norte), ambiente universitario con un punto de elegancia pero sin demasiadas pretensiones. Música bailable del momento.
✉ Vasil Levski 88.
☎ +359 88 681 1614.

Yalta
A la vanguardia de la electrónica nacional, su sala es tan grande que solo se abre al completo cuando hay fiestas especiales. House, techno y progresivo. Reservados interesantes con vistas a la universidad. Solo fines de semana. En verano funciona a menos de medio gas.
✉ Tsar Osvoboditel 20.
☎ +359 89 787 0230.

PLOVDIV

Hay un par de zonas de ambiente nocturno: en Kapana (Abadzhiyska y Hristo Dyukmedzhiev), con locales de tamaño pequeño más orientados a beber y charlar que, con alguna excepción, cierran poco después de la media

noche; y la zona al oeste de los jardines del Zar Simeón, con locales de mayor tamaño.

Konushnite
Bar al aire libre que organiza conciertos de bandas locales al caer la noche, sirviendo a veces de cine de verano. En Trimontium, entre los jardines que hay al sur de la iglesia de San Constantino y Santa Elena. Abre desde la mañana.
✉ Entrada por Saborna 20 o Stramna 9.
☎ +359 89 951 6116.

Morado
Asomado al estanque de los jardines del Zar Boris, restaurante-club con un punto elegante ideal para terminar el día donde el *show* de música, luz y agua de la fuente a las 21 h. Música *house* que se va animando hasta el cierre (2-3 h). Gran carta de cócteles y shishas.
✉ Avksentiy Veleshki 19.
☎ +359 89 666 5213.

Central Perk
En Kapana, es más bien una cafetería abierta hasta medianoche que emula al bar donde se reunían los protagonistas de la serie *Friends*. No está muy conseguido pero igualmente suele encantar a los fans.
✉ Hristo Dyukmedzhiev 16.
☎ +359 88 828 1183.

Kotka i Mishka
A su lado, el bar "Gato y ratón" tiene que ver con el espíritu del barrio, siendo bar y *coworking* a la vez. Sirven su propia cerveza artesanal además de otras muchísimas bien curiosas de productores locales.
✉ Hristo Dyukmedzhiev 14.
☎ +359 87 831 3995.
🌐 www.catandmouse.bg

Sanduku

Junto al anterior, diminuto whisky bar con una clientela más joven que deja sentir el ambiente típico de Kapana. En la planta superior hay butacas y mesas para jugar al ajedrez o al backgammon. Se supone que cierra a medianoche, pero a veces la velada se alarga.

✉ Kiril Popov 1.
☎ +359 88 893 8075.

Fargo

Referencia jazzística de Plovdiv. Buen ambiente y gente moderna. Junto a los jardines del Zar Simeón, en la primera planta de un bloque donde conviven varios restaurantes, un cine y otros bares, como el Be Pop, que también organiza conciertos interesantes casi a diario a las 21 h. Abre todos los días hasta las 2 h.

✉ Gladston 1.
☎ +359 87 720 0607.

Quattro piano bar

Para un público algo más maduro y pudiente, local elegante con música en directo y algunos shows de animación, mesas y sofás para descansar, y pista para cuando la cosa se desmadra. Excelente carta de licores. Bajo el restaurante Memory, de jueves a sábados de 23 h a 4 h.

✉ Pl. Saedinenie 3.
☎ +359 89 498 4444.

No sense

Sin personalidad, su ambiente cambia de lo sórdido a lo divertido de una noche a otra. Lo bueno es que abre a diario, hasta tarde y en Kapana.

✉ Evlogi Georgiev 5.
☎ +359 89 673 8654.

Pasha

Café para los muy cafeteros: uno de los más emblemáticos de la ciudad, con estricto control de entrada, música negra y *chalga* (versión electrónica de los ritmos balcánicos). Gente guapa, bailarines, cócteles...

✉ Kapitan Raycho Nikolov 52.
☎ +359 88 466 3666.

VELIKO TARNOVO

Melon

Cerca de la Madre Bulgaria, un clásico con mucha música en directo, fundamentalmente rock y étnica, donde luego sigue la fiesta hasta tarde.

✉ Nezavisimost 21.
☎ +359 89 542 4427.

Tam

Más allá de la *Madre Bulgaria*, curioso y peculiar local de ambiente bohemio y cultural donde poder relajarse en uno de sus sofás tomando algo o disfrutar de algún recital o concierto.

✉ Marno Pole 2.
☎ +359 88 987 9693.
🖱 tamvt.com

Tequila Bar
Funky Monkey

No es que sea típicamente búlgaro, pero este bar especializado en cócteles es de lo más divertido del casco viejo.

✉ Stefan Stambolov 32.
☎ +359 87 812 3360.

VARNA

Drazalas

Situado en un patio interior de la concurrida avenida María Luisa, se trata de un local con ambientación rural. Está especializado en vinos búlgaros, y suele ofertar experiencias de catas.

✉ Maria Luiza 13.
☎ +359 87 841 1460.

El Kapan

Bar sobre la arena de la playa y con tumbonas a disposición del cliente. Especialidad en cócteles. Por la noche a menudo ofrecen música en vivo.

✉ Primorski 119.
☎ +359 88 377 8977.

Cubo

El chiringuito más concurrido de la playa, con fiestas de electrónica y *funky* todos los fines de semana de temporada, y algunos conciertos entre semana. Para bailar sobre la tarima y luego descansar un rato en las tumbonas.

✉ Primorski.
☎ +359 89 842 5232.

Bebidas alcohólicas

La cerveza es la más consumida, aunque no destaca por su calidad. Zagorka y Kamienitsa son dos de las marcas oriundas más vendidas. Mucho más famosa es la *rakía*, un licor de alta graduación (más de 50 %) típico de los Balcanes y hecho a base de la fermentación de distintas frutas. Las más habituales son de ciruela (*slivovica*), de uva (*grozdovica*) o de moscatel (*muskatova*), normalmente incoloros a no ser que se añadan hierbas o colorantes, o que se maduren en barricas de madera. Algunas marcas de referencia son Troyan, Slivenska Perla o Burgas 63.

Información práctica

▌ Agencias búlgaras con servicio en español

Be Great Service
Tienen una oficina en Madrid donde informan sobre el destino y hacen paquetes a medida.
✉ C. de los Estudiantes, 4, Moncloa - Aravaca, 28040 Madrid.
☎ 663 067 159.
🖰 www.begreat service.com

Tandem Travel
Circuitos culturales, ferroviarios, gastronómicos, de aventura… Para excursiones de un día o de varios con garantía de calidad.
✉ San Stefano 23A, Sofía.
☎ +359 2 946 0111.
🖰 www.tandem-travel.com

Gloria Tours
Viajes generalistas o temáticos por todo el país, orientados a periodos de alrededor de una semana o diez días, con mucha experiencia.
✉ Lajos Kossuth 17, Sofía.
☎ +359 2 954 9826.
🖰 www.gloria tours.com

Balkania Tour
Trato personalizado para viajar a Bulgaria, Macedonia y Rumanía.
☎ +34 639 740 470.
🖰 www.balkania-tour.com

ANTES DE PARTIR

▌ Documentación
Basta con el **DNI** español para entrar en el país por un periodo inferior a tres meses. Bulgaria es miembro de la UE y, desde 2024, del espacio Schengen.

▌ El clima
Es apacible, aunque la presencia de montañas lo hace algo variable y lluvioso, con precipitaciones regulares a lo largo de todo el año que se hacen más abundantes en mayo y junio. Llueve unos diez días de cada mes. Cada estación es un mundo: tanto Sofía como Plovdiv suelen alcanzar los 40 ºC en algún momento del verano, mientras que en invierno sufren nevadas que las cubren de blanco, especialmente en Sofía, donde olas de frío puntuales pueden poner el termómetro por debajo de -10 ºC. En cualquier caso, las medias son más agradables, alrededor de los 20 ºC entre mayo y septiembre, y algo por encima de 0 ºC entre diciembre y febrero. La costa se muestra algo más estable, seca y cálida.

▌ Cuándo ir
El **verano** es ideal para alcanzar las montañas más altas, cuando muestran sus famosos lagos glaciales y ofrecen el fresco que se echa de menos en los valles. Además, son escenario de múltiples festivales. Las ciudades pueden llegar a ser tórridas, aunque el aire acondicionado es omnipresente. También es buen momento para conocer la costa, que durante el resto del año parece aletargada y de repente revive y se llena de trasiego. En **invierno**, Bulgaria se está haciendo cada vez más popular a propósito de la estación de esquí de Bansko, que llama la atención de extranjeros. Las nevadas, aunque dejan estampas encantadoras, pueden complicar bastante la movilidad por el resto del país. Las **estaciones intermedias** son más agradecidas para visitar las ciudades y zonas bajas. La primera es fantástica especialmente en el valle de Tracia, cuando florecen sus rosas. El problema está en las montañas, donde el deshielo puede complicar incluso más la movilidad que la propia nieve. Los otoños son de oro en los Ródopes y los Montes Balcanes, con alturas moderadas que permiten la vida de bosques templados donde el clima no causa grandes dificultades para disfrutarlos. Es también un buen momento para conocer las zonas vitivinícolas y probar las variedades locales en algún festival de la vendimia.

▌ Qué llevar

Básicamente lo mismo que en España, pero contando con que lloverá y hará algo más de frío, o bastante más si nos vamos a las montañas. Hay que contar con la presencia incómoda de los mosquitos en verano.

Las **montañas** de Rila y Pirin se acercan a los 3.000 m de altitud, tienen canchales inclinados, precipitaciones abundantes y deshielos que se prolongan hasta entrado el verano, así que conviene tomarlas en serio e ir preparado para disfrutarlas, especialmente si se van a conocer fuera de los meses de julio y agosto. Para las cumbres más altas es imprescindible hacer hueco en la maleta para unas buenas botas, material impermeable y, a poder ser, unos bastones extensibles que pueden ser difíciles de alquilar. Sí hay excelentes alquileres de material de esquí, raquetas, bicicletas de montaña…

Es complicado y generalmente caro conseguir **moneda** búlgara en España, y muy fácil sacar del cajero en el aeropuerto, cambiar en alguna de sus oficinas de cambio o pagar con tarjeta.

CÓMO LLEGAR

▌ Avión

La frecuencia y los precios son excelentes. Hay vuelos directos y diarios de bajo coste de **Ryanair** y **Wizzair** que conectan Sofía con Alicante, Barcelona, Málaga, Madrid, Palma o Valencia en unas 3 h. Se han sumado a los que ya operaban **Bulgaria Air**, una compañía tradicional más cómoda pero con precios también muy competitivos.

Desde España, no hay vuelos regulares directos a otras ciudades de Bulgaria. Si se encuentra una buena combinación, puede ser interesante volar directamente hasta Varna vía Sofía, para después viajar por tierra hasta Sofía y volar a España desde esta. En ambos aeropuertos hay compañías internacionales de alquiler de coches.

Desde el aeropuerto

A tan solo 10 km de la ciudad, el **aeropuerto de Sofía** cuenta con una línea de metro directa al centro (12 paradas hasta Serdika, 30 min aprox.) que, para mayor comodidad, continúa hasta la estación de trenes y autobuses (dos paradas más). No hay tarifa especial de aeropuerto, así que los 1,60 lv del billete hacen que sea una opción muy atractiva. Los que prefieran ir mirando el paisaje pueden tomar el autobús 84 o 184 hasta la última parada, en la calle General Gurko, bastante céntrica, por el mismo precio aunque 10

▌ **Agencias especializadas en *trekking***

Bulgaria Walking
Especializada en *trekking* guiado o independiente por las montañas, para travesías de varios días o excursiones de un día.
✉ Gorski Patnik 54, Sofía.
☎ +359 2 489 0885.
🌐 www. bulgaria walking.com

Odysseia-In
Paquetes de una o dos semanas para conocer los espacios naturales del país en la línea del anterior.
✉ Al. Stamboliiski 20-V, Sofía.
☎ +359 2 989 0538.
🌐 www.senderismo bulgaria.eu
🌐 reservations@ odysseia-in.com

▌ **Aeropuertos**

Aeropuerto de Sofía
✉ Bul. Hristofor Kolumb 1, Sofía.
☎ +359 2 937 2211.
🌐 www.sofia-airport.bg
Taxi Sofía
☎ +359 2 973 2121.
🌐 www.oktaxi.net
Aeropuerto de Varna
✉ Letishte Varna.
☎ +359 5 257 3323.
🌐 www.varna-airport.bg
Taxi Varna
☎ +359 5 264 4444.
🌐 www.triumftaxi.com

min más de trayecto. No hay servicios nocturnos: metro de 5 a 24 h y buses de 5.30 a 23.30 h. Un taxi debería rondar los 1 lv y podría reducir el viaje casi a la mitad, aunque en horas punta los trayectos pueden igualarse.

El **aeropuerto de Varna** se encuentra a escasos 10 km al norte del centro. El autobús de línea regular 409 conecta con la Catedral (parada *Katedralata,* en la avenida Vladislav Varnenchik) en diez paradas y sin coste adicional (1 lv).

Trenes y autobuses internacionales

Otra posibilidad, aunque por lo general más cara, es volar hasta Estambul y viajar en un tren directo hasta Plovdiv o Sofía; Belgrado y Tesalónica también tienen conexiones ferroviarias directas con la capital búlgara. Hay alta frecuencia de autobuses hasta la capital de Macedonia, Skopje, o la de Serbia, Belgrado, además de otros que, con menor frecuencia, llegan incluso a España (Madrid-Sofía 55 h con Eurolines).

CÓMO MOVERSE

Autobús

Con más inversión en carreteras que en vías férreas, el autobús suele ser la opción más rápida y frecuente, ya sea entre grandes o pequeñas localidades. Al contrario de lo que suele ser habitual, no es lo más barato: por ejemplo, un billete Varna-Plovdiv se acerca a las 20 lv mientras que el tren apenas alcanza las 10 lv. La mejor web para consultar conexiones nacionales (www.avtogari.info) por ahora solo está en búlgaro, pero permite escribir los nombres de las ciudades en latino para después, sobre una lista que aparece, seleccionar el nombre en cirílico (en Wikipedia, por ejemplo, se puede consultar el original). Con esto y la siguiente información se pueden descubrir los horarios de forma autónoma:

От	Desde
До	Hasta
Търси!	Buscar
Спирка	Estación
Пристига	Hora de llegada
Тръгва	Hora de salida

Coche

Basta con el **carnet de conducir español** en regla para conducir. Para utilizar la red principal de carreteras hay que adquirir una *vignette* por unas 20 lv a la semana para vehículos ligeros, a la venta en gasolineras y oficinas de Correos, aunque conviene adquirirla nada más entrar ya que hay controles automáticos con cámaras que detectan a infractores y les cobran multas de 300 lv aprox. para dichos vehículos.

Es **obligatorio** conducir con las luces encendidas siempre todo el año. Los límites de velocidad son de 50 km/h en vías urbanas, de 90 km/h en carreteras de doble sentido (aunque en un porcentaje amplísimo se limita a 60 o 70 km/h), de 120 km/h en carreteras de doble carril y de 140 km/h en autopistas. Conviene ir alerta de ciertos conductores temerarios que adelantan con línea continua, incluso cuando viene alguien de frente, forzando a todos a crear un tercer carril en medio.

En casi todas las localidades se paga por aparcar en el centro hasta las 18 h aprox. Es fácil y barato **alquilar coches** tanto en Sofía como en Plovdiv, Varna, Burgas o Veliko Tarnovo. Además de las compañías internacionales de aeropuertos o estaciones, operan por todo el país pequeñas empresas familiares fiables con flotas más anticuadas pero precios muy competitivos, algunas de las cuales facilitan y abaratan la opción de devolver el vehículo en una ciudad distinta de la que se recogió.

La **red de carreteras** es bastante mejorable y por eso sufre especialmente las inclemencias del tiempo. Las **autopistas** (A1-A4) no representan ningún problema y la mayoría de **carreteras nacionales** (indicadas con un dígito) suelen conservarse en buen estado, aunque en zonas más remotas son habituales los socavones, las curvas peligrosas, la ausencia de arcenes, los árboles en las cunetas, las balsas de agua… La **red secundaria** es toda una aventura a tomar con calma, poco recomendable durante el invierno y para la que se agradecerá haber alquilado un coche alto. En la red principal casi todos los carteles están traducidos al inglés o transliterados al alfabeto latino, aunque la propia transliteración a veces cambia de un cartel a otro. Si se planea acceder a zonas remotas, conviene saber cómo se escribe el destino en cirílico.

Tren

Tiene fama de impuntual y desastroso, pero no es para tanto. Los trayectos son casi siempre más lentos que el autobús, aunque ofrecen paisajes más agradables. Los que no quieran perder mucho tiempo, conviene que limiten los trayectos a uno de estos tres esquemas: Sofía-Plovdiv-Estambul, Sofía-Kazanlak-Burgas o Sofía- Gorna Oryakhovitsa (Veliko Tarnovo)-Varna. Todo lo que sea salir de eso supone hacer transbordos y perder bastante tiempo, aunque también ganar experiencias visuales: el **tren de**

I Hora y horarios

Bulgaria se encuentra en la franja UTC+2 en invierno y UTC+3 en verano, es decir, una hora más que España. Casi todas las oficinas, tiendas o museos funcionan entre las 10 y las 18 h, aunque los últimos a menudo van cerrando desde las 17 h. Los restaurantes tienen horarios más amplios y permiten comer durante todo el día hasta casi medianoche, aunque fuera de Sofía, Plovdiv o Varna es mejor no retrasar la cena más allá de las 21 h, incluso antes durante el invierno.

▌ En una estación

ЖП ГАРА
  estación de trenes
АВТОГАРА
  estación de autobuses
СЕВЕР   norte
ЮГ   SUR
ИЗТОК   este
ЗАПАД   oeste
КОЛОВОЗ   vía
ПЕРОН   andén
ПРИСТИГАЩИ
  llegadas
ЗАМИНАВАЩИ
  salidas
МИНАВАШ ПРЕЗ
  a través de…
ЗАКЪСНЕНИЯ
  retraso
ГАРДЕРОБ   consigna

montaña que cruza los Montes Balcanes o el que llega hasta Pirin (Septemvrí-Dobrinishte) son opciones lentas pero pintorescas.

Uno de los trayectos más interesantes a la hora de "ganar tiempo" son los dos trenes-cama nocturnos que conectan Sofía con Varna en 8 h, dos más que el autobús pero ofreciendo cómodos y modernos compartimentos donde descansar.

La **web** de los ferrocarriles búlgaros (www.bdz.bg/en) está traducida al inglés y ofrece información detallada sobre los horarios para trayectos nacionales, no así para los internacionales, que se han de adquirir físicamente en las taquillas.

Con el **carnet de estudiante internacional ISIC** se consiguen descuentos del 50%.

▌ Conexiones nacionales

Para trayectos más concretos son útiles algunos agregadores en línea como www.rome2rio.com o www.busradar.es, aunque conviene corroborar la información posteriormente en cada empresa de transporte. A continuación se describen los trayectos más habituales para planificar el viaje optimizando los tiempos. Salvo que se indique lo contrario, la información se refiere a trayectos directos diarios, siendo la información entre paréntesis la duración del trayecto.

SOFÍA-PLOVDIV
Una docena de trenes (2.15-3.15 h) y aún mayor frecuencia de autobuses (1.45 h). Algunos hacen "parada en el aeropuerto", es decir, en la estación de metro Inter Expo Center, a cuatro paradas del aeropuerto.

RILA Y PIRIN
Sofía-Monasterio de Rila. Existe un autobús directo a las 10.20 h desde la estación oeste de Ovcha Kupel que vuelve a las 15.30 h (2.30 h). Se puede viajar vía Blagoevgrad, desde donde salen autobuses al monasterio a las 7 y 15 h, y regresan a las 8 y 17 h (1 h); entre Sofía y Blagoevgrad hay seis trenes (2.15 h) y multitud de autobuses (1.45 h). También existe la posibilidad de viajar vía Dupnitsa.

Sofía-Borovets. Desde la estación sur de autobuses (metro: Joliot Curie), salidas hacia Samokov cada 30 min (1 h). Desde allí y con la misma frecuencia, parten autobuses hacia Borovets (15 min); el bus de vuelta se toma junto al hotel Ela.

Sofía-Bansko. Más de diez buses (2.5 h) además de otro puñado extra desde la estación oeste de autobuses Ovcha Kupel (tranvías 4 y 5 desde el Palacio de Justicia hasta Ovcha Kupel).

Plovdiv-Borovets. Dos buses desde la estación sur (2 h).

MONTES BALCANES

Sofía-Karlovo. Cinco trenes (2.30-3.30 h) y cuatro autobuses (3 h).

Sofía-Kazanlak. Tres trenes (3.30 h) y dos buses (4.30 h).

Sofía-Veliko Tarnovo. No hay conexión ferroviaria directa entre ambas ciudades, por lo que hay que viajar hasta Gorna Oryakhovitsa (ocho trayectos diarios, 4 h) y desde allí tomar un bus o tren que complete los 10 km restantes. Sí hay buses directos cada hora desde/hasta la estación sur de Veliko Tarnovo (3.15 h).

Plovdiv-Karlovo. Dos buses (1 h) y seis trenes (1 h 30 min).

Plovdiv-Kazanlak. Tres buses directos (2 h) y cuatro trenes haciendo transbordo en Karlovo (3.30 h).

Plovdiv-Veliko Tarnovo. Tres autobuses (4.30 h). Los que vayan sin prisa puede cruzar los montes Balcanes en un bonito tren de montaña: hay que hacer transbordo en Stara Zagora o Karlovo y, dependiendo de la hora, un segundo en Dabovo o Tulovo. En total, puede llegar a suponer 6 h de trayecto, pero también poco más de 4 h si se optimizan los transbordos.

Veliko Tarnovo-Kazanlak. Dos buses (2 h) y dos trenes haciendo transbordo en Dabovo (4 horas y 2 h 45 min).

Veliko Tarnovo-Varna. Al menos seis buses (3-4 horas) además de cinco trenes desde la vecina Gorna Oryahovitsa (3 h 30 min).

Kazanlak-Burgas. Dos trenes (3 h) y tres buses (3 h).

LA COSTA

Sofía-Varna. Vuelos de Bulgaria Air y Wizz Air habitualmente baratos (30 min). Autobuses cada hora o media hora (6 h). Entre seis y ocho trenes (7.30-9 h), incluyendo dos trenes-cama.

Sofía-Burgas. Más de una decena de autobuses (6 h) además de cinco trenes (6-7 h).

Sofía- Nesebar. Cuatro autobuses (5-7 h), con mayor frecuencia en temporada.

Sofía-Sozopol. Cuatro autobuses (6-7 h aprox.) a la estación de la ciudad nueva, con mayor frecuencia en temporada.

Plovdiv-Varna. Tres trenes (5 h 30 min) más un par de autobuses (7 horas).

Plovdiv-Burgas. Cinco buses (4-7 h) y tres trenes (3.30-5.20 horas).

Varna-Nesebar. Buses cada media hora en horas punta y cada hora el resto del día (2 h 15 min); paradas en pueblos costeros.

Nesebar-Sozopol. Para evitar el transbordo en Burgas (autobuses cada hora) y añadir belleza al viaje, se

▮ **Leer el billete**

ДАТА	fecha
ВЛАК	tren
ВАГОН	vagón
КАБИНА	compartimento
МЕСТО	asiento

▍Oficinas de información

SOFÍA
Universidad
- ✉ Bul. Tsar Osvoboditel 22 (subterráneo de acceso al metro).
- ⏰ 9.30-18 h.
- ☎ +359 2 491 8344.

Serdika
- ✉ En el subterráneo, junto a la entrada al metro de *Serdica 2*.
- ⏰ 9.30-18 h.
- ☎ +359 88 959 9240.

Chitalnyata
- ✉ Quiosco en los Jardines Municipales.
- ⏰ 10-20 h.
- 🖥 www.visitsofia.bg

PLOVDIV
Una tarjeta combinada permite visitar hasta cinco museos (la mayoría del Trimontium pero no, el Arqueológico) por 15 lv o 19 lv (incluye la proyección del Estadio Romano).
- 🖥 www.visitplovdiv.com

Mezquita/Estadio
- ✉ Rayko Daskalov 1.
- ⏰ 9-17.30 h.
- ☎ +359 3 262 0229.

Trimontium
- ✉ D-r Stoyan Chomakov 1.
- ⏰ 9-17.30 h.
- ☎ +359 3 262 0453.

Foro
- ✉ Pl. Tsentralen 1.
- ⏰ 9-17.30 h.
- ☎ +359 3 265 6794 .

BANSKO
- ✉ Pirin 16
- ⏰ Lu-vi, 9-18 h; sa 10-18 h; do, 10-14 h.
- ☎ +359 0749 88580.
- 🖥 www.visit-bansko.bg/en

puede utilizar el servicio de Fast Ferry Bulgaria (www.fastferry.bg) que ofrece, entre mayo y octubre, tres trayectos al día entre Nesebar y Sozopol (30 lv por trayecto, de unos 45 min).

Sozopol. No hay autobuses directos ni a Varna ni a Nesebar, con lo que siempre habrá que hacer transbordo en Burgas: salidas casi continuamente desde la estación de la ciudad vieja.

▍Transportes urbanos y estaciones
Conexiones
Google maps por ahora no proporciona información sobre trayectos urbanos en Bulgaria, pero la página web y app www.mooveit.com cubre el servicio con precisión en la mayoría de localidades.

SOFÍA
El **metro** funciona de 5 a 24 h. Tiene un diseño confuso ya que dos de sus cuatro líneas comparten la mayoría de las paradas, así que en estos andenes hay que estar atento a los paneles para asegurarse de subirse a la línea correcta. La estación clave es Serdika, con enlace a las líneas 1, 2 y 4, así como la pareja de estaciones Sv. Kliment Ohridski y Orlov Most, donde enlazan las líneas 1, 2 y 3. En cualquier caso, apenas merece la pena usarlo para ir al aeropuerto (línea 4) y a las estaciones de tren y bus (línea 2). Los **autobuses y tranvías** funcionan entre las 5.30 y las 23.30 h. En las paradas suele haber información sobre los trayectos en solo cirílico, pero no planos.

El precio del **billete** es, en todos los casos, de 1.60 lv para viajes sencillos, pero hay dos modalidades: los del metro y los vehículos de superficie, que, en cualquier caso, no se pueden combinar y siempre hay que pagar un billete por trayecto. Por ahora los billetes de autobús y tranvía no se escanean como los del metro, sino que se han de taladrar en unas cajitas que hay una vez se accede al vehículo por la puerta que se desee. Estos se adquieren preferiblemente en quioscos, aunque los conductores de autobús también los venden y en los tranvías suele haber máquinas expendedoras. Los del metro se adquieren en máquinas o taquillas que hay siempre antes de los tornos; en este caso se pueden comprar billetes de 10 viajes por 12 lv en unas tarjetas recargables especialmente interesantes para los que viajan en grupo.

Las **estaciones** de tren y autobús se encuentran al norte (*bul. Knyaginya Maria Luiza 102*), a dos paradas en metro de Serdika o unos 20 min a pie en un paseo poco interesante. La de trenes tiene, en la planta baja, una consigna que funciona a diario entre las 6 h y las

22.15 h. La de autobuses está dividida en dos. En la parte más próxima a la estación de trenes trabajan compañías que operan trayectos internacionales de largo recorrido, y en ella no hay una taquilla unificada, sino decenas de agencias de viaje. Un poco más al este aparece la estación de autobuses principal, con una terminal cubierta donde sí hay una taquilla oficial (aunque además cada compañía de transportes cuenta con una propia) y una consigna abierta 24 h. Desde aquí salen todos los trayectos nacionales y también alguno internacional de alta intensidad, como pueda ser a Skopje.

El **estacionamiento** de vehículos en el centro es de pago de lunes a viernes entre las 8.30 h y las 19.30 h, y los sábados hasta las 18 h. El sistema de pago es complejo ya que, por ahora, se realiza vía sms a través de un teléfono búlgaro o buscando a los "chalecos amarillos". Hay numerosos parkings vigilados por el centro, especialmente alrededor de la estación de metro de Serdika.

Transportes de Sofía
Buses y tranvías urbanos. www.sofiatraffic.bg
Metro. www.metrosofia.com
Estación de autobuses. Telf. +359 90 021 000.
www.centralnaavtogara.bg

Taxis en Sofía
Green Taxi: Telf. +359 2 810 810, www.greentaxi.bg
Ok Taxi: Telf. +359 2 973 21 21, www.oktaxi.net
Radio CB: Telf. 91263, www.91263.bg
Yellow: Telf. 1219, www.yellow333.com

PLOVDIV
Tanto Trimontium como Kapana y el paseo de Knyaz Alexander I son fundamentalmente peatonales, de manera que el transporte público bordea las zonas de interés y no es útil durante la visita. Sí es deseable para alcanzar las estaciones. El billete cuesta 1 lv y por ahora se compra al revisor, que se encontrará en el interior del autobús, generalmente identificado con un peto reflectante, o directamente al conductor.

La **estación de trenes** (*Hristo Botev 46*) se encuentra al sur, unos 25 min a pie del centro. Los autobuses 12, 16 y 116 se acercan, tras tres paradas (hasta *Pianoto*), a los pies de la colina de los Libertadores, a algo menos de 10 min a pie de la mezquita. Por su parte, los buses 7, 20 y 26 se acercan, tras cinco paradas (hasta *Tunela Yug*), a los pies del teatro romano, a unos cinco minutos a pie de la misma.

Escasos metros al oeste, cruzando la avenida, se encuentra la **estación sur de autobuses** (*Hristo Botev 47*), la principal, con salidas frecuentes a Sofía y destinos internacionales. Para llegar al centro histórico se puede cruzar a la estación de trenes y tomar alguno de

KAZANLAK
✉ Iskra 4.
🕐 Lu-vi, 9-18 h; invierno, 8-17 h.
☎ +359 4 319 9553.

VELIKO TARNOVO
✉ Hristo Botev 5.
🕐 Lu-vi, 9-18 h, sa-do a 17 h.
☎ +359 88 765 9829.
🖥 www.velikotarnovo. info

VARNA
Catedral
Organizan *tours* gratuitos de 3 h que salen, cuatro veces en semana entre mayo y septiembre, a las 10.30 h desde la oficina.
✉ Pl. Sveti Sveti Kiril i Metodiy.
☎ +359 52 820 690.
🕐 May-sept, lu-do, 9-19 h; oct-abr, lu-vi, 8.30-17.30 h.
🖥 www.visit.varna.bg

LA COSTA
Oficinas de la Estación Sur (Burgas)
✉ Pl. Tsaritsa Yoana.
🕐 Lu-do, 9-17.30 h.
☎ +359 875 343 043.
🖥 www.goto burgas.com
Oficina "The Clock" (Burgas)
✉ Aleksandrovska/ Bogoridi.
🕐 Lu-do, 9-19 h.
☎ +359 56 825 772.
🖥 www.goto burgas.com
Oficina de Nesebar
✉ Mesambrija 10.
🕐 Verano: 10-18 h.
☎ + 359 55 442 611.
🖥 www.visit nessebar.org

La Unión de Guías de Bulgaria (www.bulguide.bg) es una garantía para contratar guías turísticos profesionales acreditados, aunque centra su actividad principalmente en Varna. La Asociación de Guías de Bulgaria (www.guidesbg.com) ofrece servicios, mezclados, de guías profesionales y amateurs, aunque dejando claro quién es quién. Ambas webs permiten filtrar guías hispanohablantes.

los mencionados arriba, o bien tomar, desde la misma puerta, el autobús 18 cuatro paradas hasta *Pianoto*. La **estación norte de autobuses** *(Dimitar Stambolov 2)* sería la indicada para viajar hacia Veliko Tarnovo y el resto de destinos al norte. Desde la salida norte del túnel de Trimontium (parada *Tunela Sever*), el bus 1 llega en cinco paradas hasta *Giganta*, a unos cinco minutos a pie de la estación. Existe una tercera, la **estación Rodopi** *(bul. Makedonia 1)*, que colinda por el sur de la estación central de trenes y cuenta con varios autobuses al día a Bachkovo (dirección Smolyan).

Taxi en Plovdiv
Taxi 1: Telf. +359 89 988 6142, www.taxi1.bg

VELIKO TARNOVO
La **estación de trenes** se ubica 2 km al sur del casco viejo. Los que quieran caminar, al salir de la estación tendrán que tomar la carretera (sin arcén ni acera) hacia la izquierda. Los autobuses 4 y 13 pasan con cierta frecuencia y llevan hasta la Madre Bulgaria (parada *Mdt Konstantin Kisimov*) en tan solo dos paradas; para tomarlos hay que salir de la estación y esperar en la marquesina que queda del mismo lado de la estación, sin cruzar la carretera. La estación de autobuses Sur *(Hristo Botev 74)* queda a 10 min caminando al centro; para alcanzarla también se podrían tomar los buses 4 y 13, que realizan aquí su única parada entre el centro y la estación de trenes.

Taxi en Veliko Tarnovo
Euro taxi: Telf. +359 87 862 3520

Estación de autobuses
Telf. +359 6 262 0014
www.avtogaratarnovo.eu

VARNA
Los autobuses no cruzan el casco viejo, pero alrededor de este se ofrece un buen servicio, aunque mal señalizado. Los billetes, que no son combinables, por ahora también se compran al revisor por 1 lv.

La **estación de autobuses** *(bul. Vladislav Varnenchik 158, www.autogaravn.com)* se ubica 2 km al norte de la Catedral (3 paradas). Tiene servicio de consigna entre las 7 y las 19 h (1 lv/h). El bus 409 al aeropuerto realiza parada en la estación, pero el trayecto lo cubren con mayor frecuencia las líneas 18, 22 y 41. Hay que tener en cuenta que, llegando de la estación al centro, la parada es *Katedralata (Vladislav Varnenchik)*, al este de la catedral, pero para ir a la estación la parada se ubica en el lateral norte del templo y se llama *Tsentralna Posha (bul. Saborni)*. No pasa así con el 409, que siempre para en *Katedralata*.

La **estación de trenes** (*Primorski 44*) colinda por el sur con el centro histórico, de manera que suele ser mejor caminar hacia este. Los mismos autobuses que conectan el centro y la estación de buses (18, 22 y 41) llegan hasta la estación ferroviaria desde la Catedral en 2 paradas (parada *ZHP Gara*). Cuenta con consigna entre las 7 h y las 19 h, con pausa de 12.30 h a 13 h.

El **estacionamiento** en el centro es de pago de lunes a viernes entre las 9 h y las 19 h, aunque todavía no lo es al norte de las avenidas Hristo Botev y Maria Luiza. Se puede consultar la ubicación de parquímetros y parkings vigilados en la página web, traducida al inglés, www.varnaparking.bg.

Taxi en Varna

Triumf Taxi: Telf. +359 87 964 4444, www.triumftaxi.com
Hippo taxi: Telf. +359 87 634 4444, www.hippotaxi.bg

Burgas

Las estaciones principales de tren y autobús (*bul. Ivan Vazov 1*) se ubican al sur, junto al puerto. La de autobuses tiene consigna (6-22 h) y oficina de información. Antes de llegar, trenes y buses suelen parar en la estación Vladimir Pavlov o la estación oeste respectivamente, pero ambas quedan lejos del centro. No merece la pena utilizar el transporte público a no ser que se quiera visitar el festival de esculturas de arena (bus 12 desde la estación hasta la parada *Konstantin Velikov*).

Nesebar

Los autobuses paran pasado el istmo de entrada a la ciudad vieja, previa parada en la nueva. En la península hay dos puertos: el del norte, con salidas frecuentes hacia Sunny Beach, ya sea en líneas regulares o en embarcaciones privadas que se anuncian a voces; y el del sur (*Morska Gara*), desde donde salen los ferris a Sozopol (ver conexiones nacionales).

Sozopol

Hay dos **estaciones de autobús**: la de ciudad vieja (*Han Krum 2*), con conexiones frecuentes a Burgas, y la de la ciudad nueva (*Stara planina 1a*), menos de 1 km al sur, para los trayectos directos desde Sofía. La ciudad vieja está cerrada al tráfico, pudiéndose dejar el coche en el aparcamiento de pago de la estación de autobuses de la ciudad vieja. El **puerto** se encuentra en el lado noroccidental de la península, desde donde salen barcos a Nesebar y también algunos de recreo que, más o menos cuando se llenan, bordean la isla de San Iván sin hacer parada en ella.

▌ Moneda y cambio

La moneda nacional es el lev búlgaro, con código internacional BGN pero que generalmente se abrevia como "lv". Los lev se dividen en 100 stotinki. Hay monedas de 1,2, 5, 10, 20 y 50 stotinki, y de 1 y 2 lev; billetes los hay de 1, 2, 5, 10, 20,50 y 100 lev. En los últimos tiempos se ha venido cambiando a 2 lv por cada euro. El plural en búlgaro es **LEVA.** Las casas de cambio son muy habituales, lo mismo que los cajeros y los establecimientos donde se paga con tarjeta.

▌ Teléfonos

Bulgaria también participa del fin de las tarifas adicionales por *roaming* en la UE, de manera que se puede utilizar el teléfono móvil para navegar por internet o realizar y recibir llamadas a España sin coste adicional, no así las llamadas a Bulgaria, aunque sus precios suelen ser módicos. El prefijo nacional es el +359. Los números que aparecen en esta guía se han indicado tal como se deberían marcar en un dispositivo móvil. Para hacerlo desde un fijo habrá que eliminar el código internacional y sustituirlo por un 0.

▍ Propinas

No son obligatorias, aunque sí esperables. Ante un buen servicio, no es necesario alcanzar el 10 %, aunque es una buena referencia en locales de cierto nivel e, indistintamente del local, para grupos grandes.

▍ Agua

Orgullo nacional, es potable y generalmente de buen sabor en todas las localidades que se menciona en esta guía.

DURANTE LA ESTANCIA

▍ Alojamientos

La categorización de los **hoteles** es un tanto arbitraria, así que no es fácil definir los estándares de calidad, siendo el precio el mejor indicador. Los que quieran asegurarse un nivel de comodidad alto y sin fallos, deberían limitarse a los cuatro y cinco estrellas. En la gama media y baja hay excepciones muy gratas, aunque por lo general se muestra un poco descuidada en los detalles. Compensa con buenos precios, un trato hospitalario y el omnipresente aire acondicionado. En la gama baja es habitual encontrar baños sin mamparas en los que uno se ducha en mitad del cuarto de aseo. El **hostel** es un concepto difuso cuyo nombre se llega a utilizar como mero reclamo. A veces son una simple casa de huéspedes sin zonas comunes donde puede haber, o no, dormitorios a compartir. Las que seguro no engañan son las *kashta za gosti* (Къща за гости), es decir, **casas de huéspedes**, que ofrecen habitaciones privadas baratas, casi siempre con baño compartido. Alrededor de los parques nacionales hay una extensa red de **refugios de montaña** (хижа, pronúnciese *hizha*). Son alojamientos austeros, rozando algunos la categoría de hotel rural. Algunos están a gran altura y solo son accesibles a pie, pero otros muchos se sitúan apenas a pie de monte y son accesibles en coche, lo que democratiza el tipo de visitante que acoge. Conviene reservar plaza con antelación a través de las páginas de los parques nacionales.

▍ Festivos nacionales

Los festivos-aniversario se celebran en la fecha en que ocurrieron según el Calendario Juliano (que rigió hasta marzo de 1916), sin establecer la equivalencia al Gregoriano.
1 enero. Año Nuevo.
3 marzo. Día de la Liberación (aniversario de la firma del Tratado de San Estéfano). A mediodía el país se para con un minuto de silencio.
Marzo/abril. Lunes y domingo de Pascua.
1 mayo. Día del Trabajador.
6 mayo. San Jorge (patrón de Bulgaria, es el día del Valor y de las Fuerzas Armadas).
24 mayo. Día de la Literatura y Cultura eslava.
6 septiembre. Día de la Unificación (aniversario de la noche de 1885 en que Rumelia Oriental y el Principado de Bulgaria se integraron).
22 septiembre. Día de la Independencia (declaración unilateral de Independencia del Imperio Otomano en Tarnovo en 1908 por parte de Fernando I).
24-26 diciembre. Navidad.

▌IDIOMA

Español	búlgaro	Español	búlgaro
Básico			
Sí	*da*	¿De dónde eres…?	*otkúde si?*
No	*ne*	Soy español	*az sum ispánski*
Hola (tú)	*zdravéi*	¿Cómo estás?	*kak se?*
Hola (usted)	*zdravéite*	¿Cómo está usted?	*kak shte?*
Buenos días	*dóber den*	Bien, gracias	*dobre, blogodariá*
Buenas noches	*dóber vecher*	No entiendo	*ne razbirám*
Adiós	*da vízhdani*	¿Cómo se dice… en búlgaro?	
¿Cómo te llamas?	*kak se kázvash?*	*kak se kázva… na bálgarski?*	
Me llamo…	*Kazvám se…*	¡Ayuda!	*pomósht!*
Cortesía			
Disculpe	*izvinéte*	Gracias	*blogodariá*
Disculpa	*izviniávai*	De nada	*mólia*
Por favor	*mólia*	¿Puedo?	*Móga li?*
Indicaciones			
¿Sabe cómo se va a…?		A la izquierda	*nalyávo*
Znáete kak se otiva do…?		Allí	*tam*
¿Dónde está?	*Kudé ie?*	Aquí	*tuk*
¿Está lejos?	*mnógo li ie dálech?*	Calle	*úlitsa*
Cerca	*blísco*	Plaza	*plóshtad*
Recto	*naprávo*	¿Cuándo sale el tren a…?	
A la derecha	*nadyázno*	*kogá trígva vlak za…*	
Compras y restaurantes			
¿Cuánto cuesta?	*kólko strúva?*	Pescado	*ríba*
¿Qué me recomienda?		Verduras	*zelenchútsi*
kákvo mi prelagázh?		Fruta	*plod*
Soy vegetariano		Vino tinto/blanco	
az sum veguetariánets		*chérveno/biálo vino*	
Soy alérgico a…		¿Dónde está el baño?	
az sum alerguichen kum…		*gde ie toalétnata?*	
Carne	*miéso*	La cuenta, por favor – *za smétkata, mólia*	
Números			
0	*nula*	6	*shest*
1	*edín*	7	*sédem*
2	*dva*	8	*ósem*
3	*tri*	9	*dévet*
4	*chéteri*	10	*déset*
5	*pet*		
Señales útiles			
ОТВОРЕН	abierto	ЗАБРАНЕН	prohibido
ЗАТВОРЕН	cerrado	ОПАСНОСТ	peligro
РАБОТНО ВРЕМЕ	horario de apertura	ОБЕДНО МЕНЮ	menú del día
ПОЧИВНИ ДНИ	día de descanso	МЕХАНА ГОСТИ	habitaciones
РАЗРЕШЕН	permitido	КЪЩА НА ГОСТИ	casa de huéspedes
Días de la semana			
ПОНЕДЕЛНИК	lunes	ПЕТЪК	viernes
ВТОРНИК	martes	СЪБОТА	sábado
СРЯДА	miércoles	НЕДЕЛЯ	domingo
ЧЕТВЪРТЪК	jueves		

Índice de lugares